Institut für ausländisches öffentliches Recht
und Völkerrecht

Beiträge
zum
ausländischen öffentlichen Recht und Völkerrecht

Herausgegeben in Gemeinschaft mit
Friedrich Glum, Ludwig Kaas, Erich Kaufmann, Rudolf Smend, Heinrich Triepel
von
Viktor Bruns

Heft 14

Berlin und Leipzig 1930
Walter de Gruyter & Co.
vormals G. J. Göschen'sche Verlagshandlung — J. Guttentag, Verlagsbuchhandlung
Georg Reimer — Karl J. Trübner — Veit & Comp.

Die Rechtsstellung der russischen Handelsvertretungen

Von

Berthold Schenk Graf von Stauffenberg

Berlin und Leipzig 1930

Walter de Gruyter & Co.

vormals G. J. Göschen'sche Verlagshandlung — J. Guttentag, Verlagsbuchhandlung
Georg Reimer — Karl J. Trübner — Veit & Comp.

Druck von Walter de Gruyter & Co., Berlin W 10

Einleitung.

Der Aufbau der Sowjetunion.

Durch die Entstehung der Sowjetunion ist in die Staatengemeinschaft ein Staat eingetreten, dessen Wesen sich weitgehend von den anderen unterscheidet. Während bisher die Völkerrechtsgemeinschaft aus Staaten mehr oder minder gleichartigen Gepräges zusammengesetzt war, wollen die Führer der Räterepublik eine Staatsform, die auf ganz anderen Voraussetzungen beruht, ins Leben gerufen haben und beanspruchen, der alten »kapitalistischen« Völkerrechtsgemeinschaft eine neue »kommunistische« entgegenzusetzen. Sobald der neue Staat mit den Staaten der alten Ordnung in völkerrechtliche Beziehung trat, mußten sich Schwierigkeiten ergeben. Vor allen Dingen mußte die Schaffung des russischen Außenhandelsmonopols eine Reihe neuer völkerrechtlicher Fragen aufwerfen.

Die Verkörperungen des Außenhandelsmonopols in den Staaten, mit denen der russische Staat Handel treibt, sind die Handelsvertretungen. Da das Außenhandelsmonopol in engem Zusammenhang mit der im Inneren Rußlands herrschenden Staats- und Wirtschaftsordnung steht, mußte der Gegensatz zwischen dem russischen System und den Staatsgefügen alter Ordnung bei der Wirksamkeit der vom Rätestaat in den kapitalistischen Staaten gegründeten Handelsvertretungen besonders stark zur Erscheinung kommen, so daß ihre Stellung immer wieder zu langwierigen Verhandlungen, ja zu heftigen Zusammenstößen Anlaß gegeben hat. Es ist daher von Wichtigkeit, die völkerrechtlichen Normen festzustellen, die für die Handelsvertretungen Geltung haben.

Durch eine größere Anzahl von Verträgen, die von der Sowjetunion mit einzelnen Ländern abgeschlossen wurden, sind die Rechte der Handelsvertretungen in diesen Ländern teilweise festgesetzt worden. Es muß untersucht werden, ob die durch diese Verträge geschaffene Regelung eine Sonderregelung darstellt oder ob sie auch in den Fällen, für die kein Vertrag besteht, Anwendung finden kann, mit anderen Worten, wieweit sie nur eine vertragliche Festsetzung der auf die Handelsvertretungen bereits anwendbaren gemeinrechtlichen Normen des Völkerrechts bedeutet. Da die russische Rechtsauffassung, insbesondere die russische Völkerrechtsdoktrin, weitgehend von der uns eigenen Auffassung abweicht, muß auch diese berücksichtigt werden, vor allem deshalb, weil die von der Sowjetregierung erhobenen Ansprüche häufig auf ihr beruhen.

Nur aus dem engen Zusammenhang von Staat, Wirtschaft, Außenhandelsmonopol und dessen Verkörperungen auf dem Außenmarkt wird die eigenartige Stellung der Handelsvertretungen verständlich. Es erscheint daher nötig, eine kurze Übersicht über den Aufbau des russischen Staates und seiner Wirtschaftsordnung voranzustellen, ehe das System des Außenhandelsmonopols beschrieben wird, in das die Handelsvertretungen eingegliedert sind.

Die Union der sozialistischen Sowjetrepubliken oder die UdSSR ist ihrem Namen nach ein Bundesstaat [1]), der folgende Gebiete umfaßt: die RSFSR oder die russische sozialistische föderative Sowjetrepublik, den ukrainischen Rätestaat, den Rätestaat Weißrußland, den transkaukasischen Rätebundesstaat, zu dem sich Armenien, Aserbeidschan und Georgien vereinigt haben, und die Rätestaaten von Turkmenien und Usbekien. Das Übergewicht des großrussischen Gebiets der RSFSR ist stark, ja entscheidend. Die einzelnen Rätestaaten sind selbst wieder als Bundesstaaten organisiert, wenn auch nur dem Namen nach. So umfaßt z. B. die RSFSR eine ganze Reihe von autonomen Republiken und autonomen Gebieten, die hier von den Leitern des Rätestaates selbst für die Gebiete mit überwiegend fremdstämmiger Bevölkerung geschaffen worden sind, um das Streben nach Selbständigkeit für ihre Zwecke zu benutzen, ohne dabei die Gewalt aus der Hand zu geben. Wenn die Sowjetunion auch als Bundesstaat organisiert ist, so ist doch in allen wichtigen Fragen die Entscheidung allein dem Zentrum vorbehalten. Dies ergibt sich schon aus der am 6. Juli 1923 verabschiedeten Bundesverfassung [2]).

---

[1]) Über den bundesstaatlichen Charakter der Sowjetunion vgl. Hellingrath, Der Sowjetstaat, München 1930, S. 116 ff. und v. Metzler, Die auswärtige Gewalt der Sowjetunion, Berlin 1930, S. 9.

[2]) Über die Verfassung der Union vgl. Alexejew, Die Staatsverfassung, in: Das Recht Sowjetrußlands, Tübingen 1925, S. 18 ff.; Timaschew, Grundzüge des sowjetrussischen Staatsrechts, Breslau 1925; Neuberger, Die Verfassung der Russischen Sozialistischen Föderativen Räterepublik, Berlin und Bonn 1926; Mirkine-Guetzévitch, Les constitutions de l'Europe nouvelle,

Hiernach sind die obersten Organe der Bundesrätekongreß, gewählt von den Sowjets der Städte und den Sowjetkongressen der Gubernien des ganzen Bundes, der Bundeshauptvollzugsausschuß, bestehend aus zwei Kammern, die allerdings gewöhnlich gemeinsam tagen, dem Bundesrat, der vom Bundesrätekongreß gewählt wird, und dem Nationalitätenrat, in dem die Vertreter der Gliedstaaten, der autonomen Republiken und der autonomen Gebiete sitzen. Diesen beiden Organen, als den höchsten der Union, gehört nach Art. 1 der Verfassung die Vertretung nach außen [1]). Der Bundeshauptvollzugsausschuß wählt einen Vorstand, der das oberste ständige Bundesorgan ist. Daneben steht als Vollzugsorgan der Rat der Bundesvolkskommissare (Sownarkom). Hier sind zu unterscheiden die fünf Volkskommissariate für den ganzen Bund, die in den Gliedstaaten fehlen, vor allem die Volkskommissariate für auswärtige Angelegenheiten, Handel und Krieg, und die sogenannten vereinigten Bundesvolkskommissariate, denen in den Gliedstaaten gleichnamige Kommissariate mit konkurrierender Kompetenz entsprechen. Daß die Gliedstaaten auf keinem Gebiet vollkommen selbständig sind, ergibt sich aus Art. 20 der Bundesverfassung, nach welchem Beschlüsse der Sowjetkongresse der Gliedstaaten von dem Bundesrätekongreß und dem Bundeshauptvollzugsausschuß beanstandet und selbst für ungültig erklärt werden können. Auf jeden Fall ist für die auswärtigen Angelegenheiten und für den Handel heute allein der Bund zuständig. Der Wille der Gliedstaaten ist belanglos [2]).

In der inneren Gliederung der einzelnen Staaten läßt sich ein ähnlicher Aufbau verfolgen. In den Gemeinden werden die Sowjets gewählt, die dann ihre Vertreter zu den Rätekongressen der nächsthöheren Stufe entsenden. Über Wolost, Kreis und Gubernie gelangen

---

Paris 1928; Klibanski, Die Gesetzgebung der Bolschewiki, Breslau 1922; A. Rado, Die politische Gliederung d. Sowjetunion im Bulletin der Berliner Handelsvertretung »Aus der Volkswirtschaft der UdSSR« 1927, H. 1, S. 2 ff.

[1]) Über die Frage, durch welche Organe Verträge abzuschließen und vor allem zu ratifizieren sind, vgl. Durdenewsky, Die Staatsverträge im Verfassungsrecht der UdSSR, in Ostrecht 1925, S. 201 ff.; Korovin, Sovremennoe meždunarodnoe publičnoe pravo (Das moderne Völkerrecht), Moskau 1926, S. 79.

[2]) Bundesverfassung Art. 1. Hellingrath, aaO. S. 113. Der Vertrag von Rapallo, der die Grundlage für das Vertragswerk vom 12. 10. 1925 bildet, wurde noch mit der RSFSR abgeschlossen und mußte später durch Vertrag vom 22. 11. 1922 mit den damals bestehenden Rätestaaten auf diese ausgedehnt werden. Aber schon kurz darauf, am 30. 12. 1922, waren die Führer der RSFSR zur Gründung des Bundes geschritten.

wir zum Rätekongreß des Staates, der aus den Vertretern der Gubernialrätekongresse und der Räte der großen Städte gebildet wird. Die Kongresse der höheren Stufen, in Gubernie und in der Zentrale, wählen Vollzugsausschüsse, diese jeweils ein Präsidium, dem dann die wirkliche Arbeit obliegt. Die Rätekongresse selbst treten selten zusammen. So entstehen in den einzelnen Staaten, ebenso wie im Bund, als höchste Organe Rätekongreß, Vollzugsausschuß, Präsidium und daneben der Rat der Volkskommissare, der während der Zeit des Kriegskommunismus fast die ganze Gewalt bei sich vereinigte, inzwischen aber im Verhältnis zum Vollzugsausschuß und dessen Vorstand zu einem mehr ausführenden Organ herabgedrückt worden ist. Eine wirkliche Trennung der Gewalten kennt das Sowjetrecht nicht: die einzelnen Organe können Gesetze, Verordnungen und Verfügungen erlassen und Verwaltungsmaßnahmen anordnen. Auch eine strenge Teilung der Kompetenz findet nicht statt. Wenn auch der Rätekongreß theoretisch das oberste Organ ist und damit Träger der Staatsgewalt: er ist es nur, solange er versammelt ist. An seine Stelle tritt der Vollzugsausschuß bzw. das Präsidium mit derselben Zuständigkeit. Durch diese zeitliche Gewaltenteilung geht tatsächlich die Macht auf das Präsidium als auf das ständige Organ über, vor allem dadurch, daß es über die Sitzungszeiten der anderen Organe bestimmt.

Die Verfassung des Sowjetstaats kennt keine Beamten, die von der Zentrale bestimmt werden: sämtliche Geschäfte besorgen die gewählten Räte. Es erscheint schwer denkbar, daß bei einem auf diese Weise aufgebauten Staat eine glatte Abwicklung der Geschäfte möglich ist. Aber dies erklärt eine andere Macht, die in der Verfassung nicht genannt, in dem offiziellen System nicht sichtbar wird, jedoch die wirkliche Gewalt in Händen hält: die russische kommunistische Partei, jetzt WKP oder kommunistische Partei des ganzen Bundes. Sie ist für den ganzen Bund streng zentralisiert. Die Leitung liegt in den Händen des politischen Büros des Zentralkomitees (Politbüro). Die Zahl der Parteimitglieder wurde möglichst niedrig gehalten, ja gewaltsam verringert, um der Parteiangehörigen unbedingt sicher zu sein. Die Parteileitung regiert das Reich. Ihre Weisungen werden durchgeführt mit Hilfe der den Sowjets und Sowjetkongressen angehörenden Kommunisten [1]). Da zudem der jeweils oberen Stufe das

---

[1]) Zur Veranschaulichung sei die Tatsache erwähnt, daß in der RSFSR bei den Wahlen des Jahres 1922 in den Wolostkongressen nur 11,7% Kom-

Recht gegeben wurde, die Maßnahmen der unteren zu beanstanden und aufzuheben, so schritt die Zentralisierung rasch vorwärts, und die gewählten Räte wurden mehr und mehr zu Beamten, welche die Weisungen der Zentrale zu befolgen hatten. So ergibt sich eine Doppelseitigkeit im Aufbau des russischen Staates: das verfassungsmäßig festgelegte offizielle Sowjetsystem, das auf Wahl beruht und zu starker Dezentralisation und häufigem Wechsel in den leitenden Stellen führen müßte, im Hintergrunde aber die WKP, die eine schroffe Zentralisierung aufrecht erhält, die leitenden Stellen in der Hand hat und damit eine einheitlich geführte Politik für das ganze Reich gewährleistet.

Aber die Führer der kommunistischen Partei sind nicht nur die Leiter Rußlands. Sie sind auch die Leiter der 3. Internationale. Das politische Büro (Politbüro) des Zentralkomitees der allrussischen kommunistischen Partei (WKP) leitet de facto die Außenpolitik des Sowjetstaates und die internationale Politik der Komintern [1]). Während im einen Fall Mittel nationaler Außenpolitik benutzt werden, sind es im anderen revolutionäre Mittel. Die Ziele aber, Stärkung des russischen Staates und Weltrevolution, gehen ineinander über, und es ist oft schwer zu entscheiden, welche Tendenz gerade das Übergewicht hat. Dabei ist zu bedenken, daß die Wahrung der nationalen, russischen Interessen und die Ausbreitung des Kommunismus vielfach zusammenfallen: die Ausbreitung des Kommunismus bedeutet, jedenfalls zunächst, eine Ausbreitung des russischen Einflusses. Die Länder, die das Rätesystem angenommen haben, sind in vollkommene Abhängigkeit von der Moskauer Zentrale geraten.

Schon diese kurze Übersicht über den Aufbau der Union zeigt, daß man bei Betrachtung der Beziehungen zu Rußland nicht denselben Maßstab anlegen kann, den man gegenüber abendländischen Mächten zu brauchen gewohnt ist. In den Verhandlungen mit Rußland stehen wir dem offiziellen System gegenüber, politisch dem Kommissariat für auswärtige Angelegenheiten, wirtschaftlich dem Kommissariat für

---

munisten saßen, in den Kreiskongressen bereits 54,4%, während im allrussischen Kongreß die Kommunisten fast 95% ausmachten.

[1]) Vgl. auch Grabowski, Der englisch-russische Bruch, Zeitschrift für Politik, 1927, S. 77. Er sieht auf der einen Seite die Sowjetbürokratie mit dem Willen zur Konsolidation des Staates, auf der anderen Seite die weltrevolutionäre Stoßlinie dieses Staates. Beweis dafür seien die häufigen Konflikte zwischen dem Narkomindel (Kommissariat für auswärtige Angelegenheiten) und der Komintern; Cleinow, Die Außenpolitik der Sowjetunion und ihrer Organe, in »Europäische Gespräche«, Jahrgang 1927, S. 399.

Handel, mit ihren Außenposten, der Diplomatie und den Handelsvertretungen. Aber die Kommissariate sind nicht selbständig, sondern folgen den Weisungen des Politbüros, das eine Parteiinstitution ist und nur schwer zur Verantwortung gezogen werden kann. Häufig dürften sie auch keinen Einfluß auf die Handlungen derjenigen Mächte haben, mit deren Hilfe das Politbüro auf einer anderen Ebene in den Gang der auswärtigen Politik eingreifen kann, nämlich der kommunistischen Parteien und sonstiger Organisationen, deren Zentralen, wie die Komintern, tatsächlich unter der Leitung des Politbüros der WKP stehen [1]). Die Strömungen im Politbüro wirken sich auf die Außenpolitik aus. Bedeutung und Tätigkeitsart der offiziellen Außenposten wechseln, wenn die Strömungen im Politbüro sich ändern.

Innerhalb dieses verwickelten und kaum übersehbaren Gewebes stehen an wichtiger Stelle die Handelsvertretungen, welche die wirtschaftlichen Interessen im Auslande vertreten.

Nicht nur der staatliche Aufbau weicht von den sonst bekannten Systemen ab, sondern auch die Rechtsordnung auf dem wirtschaftlichen Gebiet ist neuartig und kaum mit irgendeinem bisher bekannten Wirtschaftssystem zu vergleichen. In dem Bund der Rätestaaten ist die Industrie nationalisiert, der Außenhandel monopolisiert worden. Der sowjetrussische Handel ist nicht frei, sondern wird geleitet auf Grund eines jährlich von den staatlichen Stellen aufgestellten Planes.

In der ersten Zeit nach der Revolution, der Periode des sogenannten Kriegskommunismus war der Versuch gemacht worden, den gesamten Handel in der Hand des Staates zu vereinigen und in Rußland die Gemeinwirtschaft einzuführen. Ist auch eine allgemeine Verstaatlichung des Handels nicht durchgeführt worden: praktisch schien sie Tatsache geworden zu sein; denn eine Menge einzelner Erlasse monopolisierte die verschiedenen Gebiete des Handels, und es zeigte sich erst beim Übergang zur neuen ökonomischen Politik, daß einzelne Handelsgegenstände nicht erfaßt worden waren. Die Absicht der Sowjetregierung war, wie aus einem Dekret des Rats der Volksbeauftragten vom 21. Nov. 1918 deutlich hervorgeht, den Privathandel durch die

---

[1]) Es ist nicht möglich, hier auf das Problem der Verantwortlichkeit der Sowjetunion einzugehen. Ich verweise auf den Aufsatz von Verdroß in der Zeitschrift für öffentliches Recht Bd. IX, Heft 4, Die völkerrechtliche Verantwortlichkeit der Sowjetunion für die Handlungen der russisch-kommunistischen Partei und der 3. Internationale.

staatliche bis ins einzelne gehende Regelung des Warenverkehrs vollkommen zu ersetzen. Die Aufgabe des Handels, den Austausch der Waren zu vermitteln, sollte in Zukunft allein dem Staat obliegen. Als die Leiter des Rätestaats erkannten, daß sie dieser ungeheuren Aufgabe nicht gewachsen waren und die Arbeiter und Bauernmassen durch ihre mangelhafte Durchführung in Unruhe gerieten, entschlossen sie sich, eine neue ökonomische Politik anzubahnen, die unter dem Namen der NEP bekannt geworden ist.

Die gesamten Verhältnisse auf dem Gebiet des russischen Innenhandels waren nun neu zu ordnen. Während vorher, wenigstens theoretisch, der Staat allein zum Handel befugt war, und das Prinzip des Tausches den Warenverkehr geregelt hatte, kehrte man nun zurück zur Geldwirtschaft, und in gewissem Umfange zu kapitalistischen Wirtschaftsformen. Der freie Handel wurde wieder zugelassen. Allerdings war er wichtigen Beschränkungen unterworfen. Gewisse Waren blieben vom Privathandel ausgeschlossen. Für eine Reihe von Waren wurden Höchstpreise festgesetzt. Die großen Industrien blieben staatlich. Der private Hersteller und der Kaufmann ist seit der ersten Zeit der NEP allmählich wieder zurückgedrängt worden. Die staatlichen Unternehmungen wurden seit der NEP von der bürokratischen Grundlage auf die kaufmännische umgestellt. Ihre Tätigkeit richtete sich, soweit sie nicht noch gewisse Vorschriften zu beachten hatten, nur nach kaufmännischen Grundsätzen. Wie nun der Handel im Innern Rußlands die ihm auferlegten Beschränkungen zu umgehen sucht — selbst die staatlichen Unternehmungen halten sich oft nicht an die Regeln —, so strebt die Sowjetregierung darnach, die Planmäßigkeit zu stärken, zur Beherrschung der wichtigsten Märkte zu gelangen, und den Einfluß des Staates erst im Großhandel, dann im Kleinhandel, wieder durchzusetzen.

Der Außenhandel hat eine andere Entwicklung gehabt. Das System der Sowjets und die veränderte Wirtschaftsordnung innerhalb Rußlands drängten gebieterisch zum Monopol. Da die Errichtung der Handelsvertretungen das Außenhandelsmonopol zur Voraussetzung hat, so müssen seine Grundzüge erklärt werden.

Das Außenhandelsmonopol.

Das Außenhandelsmonopol, wie es sich in Rußland ausgebildet hat, erscheint in der Geschichte der Wirtschaft und des Völkerrechts zunächst als etwas durchaus Neues. Aber wenn ein so weitreichender Eingriff des Staates in die Wirtschaft sich bisher noch nicht verwirklicht hatte, so lassen sich doch viele der Formen, die sich jetzt in Rußland zeigen, lange zurück verfolgen.

Der Begriff des handeltreibenden Staates ist bekannt. Häufig hat ein Staat einzelne Handelszweige, z. B. Tabak oder Branntwein, monopolisiert oder sonstige eigene Unternehmungen ins Leben gerufen. Immer mußte hier der Staat als Handeltreibender mit den ausländischen Wirtschaftskörpern und Märkten in Berührung kommen. Aber auch schon sehr früh — sogar schon im Altertum — griff der Staat als regulierender Faktor in die Wirtschaft ein, bewußt seit der Epoche des Merkantilismus. Das System der Regulierung des Außenhandels hat seine größte Ausbildung im Weltkriege erfahren. In Deutschland wirkte infolge der Blockade der Eingriff des Staates sich mehr innerhalb der nationalen Wirtschaft aus, in den feindlichen Ländern mußte er sich auch über die Grenzen hinaus erstrecken. Die Gründe dafür sind denen ähnlich, die von Sowjetwirtschaftlern für das Außenhandelsmonopol geltend gemacht werden. Der Staat mußte dafür sorgen, daß die schon durch Bezug von Kriegsmaterial ungewöhnlich gesteigerte Einfuhr nicht ins Ungemessene steige, und er suchte daher die Einfuhr aller nicht notwendigen Waren zu verhindern. Er mußte die Ausfuhr beschränken, damit die Waren, die im Inlande nötig waren, nicht ausgeführt würden. So kam es, daß z. B. Frankreich die Ein- und Ausfuhr scharf kontrollierte, ja sogar die Waren auf den ausländischen Märkten selbst einkaufte [1]). Hier sehen wir

---

[1]) Dies ist z. B. der Sinn des französischen Dekrets vom 22. 3. 1917, dessen Art. 1 und 2 lauten:

«Art. 1. Est prohibée l'importation en France et en Algérie, sous un régime douanier quelconque, de toute marchandise d'origine ou de provenance étrangère.

La prohibition ne s'applique pas:

unter dem Druck des Krieges eine ähnliche Entwicklung sich vollziehen, wie sie in Rußland zum Monopol führte. Und die Lage Rußlands in den Jahren 1918—21 war noch drückender: Wenn es seine Grenzen öffnete, mußte es wirtschaftlich zur Kolonie der Westmächte werden; denn der Krieg war verloren, über das Land war die Blockade verhängt worden, im Inneren wütete der Bürgerkrieg und gleichzeitig wurden Fabriken und Handel in die Hand des Staates überführt. Kein Wunder, daß die Industrie fast stillstand und der wirtschaftliche Verkehr fast nur noch durch ein primitives Tauschsystem aufrechterhalten wurde. In diesen Jahren schwerster wirtschaftlicher Krise und den darauffolgenden Jahren angestrengter Arbeit für den Aufbau des vollkommen zerrütteten Wirtschaftskörpers gelangte das Außenhandelsmonopol zur Ausbildung. Es waren zwei Gründe, die die Leiter Sowjetrußlands zum Monopol führten, die sozialistische Wirtschaft im Innern und der Wille zur Erhaltung der wirtschaftlichen Selbständigkeit.

Die allgemeine Linie der Entwicklung in den Formen des Innen- und Außenhandels ist kurz folgende [1]): Im Anfang sehen wir noch das bewußte Streben, die bestehenden Handelsorganisationen und -verbindungen, die den Krieg überdauerten, zu erhalten und sie auf neuen Grundlagen im Dienst der Wirtschaft zu organisieren. Dann folgt die Zeit des Bürgerkrieges und damit der fast vollständige Verfall. Die Sowjetregierung sieht sich gezwungen, einen zentralisierten Verteilungsapparat zu schaffen, in erster Linie für die Versorgung der Arbeiter und der roten Armee. Nach dem Bürgerkrieg und der Nationalisierung bahnt sich nun die Rückkehr zum Marktverkehr zwischen Stadt und Land und zwischen den einzelnen Wirtschaftsorganisationen an. Dabei sucht die Sowjetregierung die Planmäßigkeit erst im Großhandel, dann auch im Kleinhandel zu stärken und zu entwickeln. Schließlich wird auf Grundlage des Außenhandelsmonopols die Verbindung mit den Außenmärkten gesucht und möglichst entwickelt.

Aux marchandises importées pour le compte de l'Etat; aux chargements que l'on justifiera, dans la forme réglementaire, avoir été expédiés directement, pour la France ou l'Algérie, à une date antérieure à la publication du présent décret. Aux marchandises déclarées pour l'entrepôt à la même date.

Art. 2. Sur la proposition du ministre du commerce, de l'industrie, des postes et des télégraphes, des dérogations à la prohibition pourront être autorisées par le ministre des finances, soit à titre général, soit dans la limite de contingents, dans les conditions prévues par l'art. 3 ci-après.»

[1]) Vgl. den Aufsatz von Kaktyn in: Aus der Volkswirtschaft der UdSSR, Bulletin der Berliner Handelsvertretung, 1926, Nr. 11, S. 5.

Die Verfügungen, die auf dem Gebiete des Außenhandels ergehen, kennzeichnen diese Entwicklung. Am 29. 12. 1917 erläßt der Rat der Volkskommissare ein Dekret, das zunächst die aus dem Kriege übernommene Politik weiterführt, und in dem von Nationalisierung noch nicht die Rede ist. Es trägt organisatorischen Charakter und führt widerspruchslos und im weitesten Sinne des Wortes ein Lizenz- und Verbotssystem ein. Erst am 22. April 1918 ergeht das Dekret, welches das neue System bringt [1]). Darin heißt es:

»Der gesamte Außenhandel wird nationalisiert. Die Handelsabmachungen mit ausländischen Staaten und einzelnen Handelsunternehmungen im Auslande über Kauf und Verkauf von Produkten aller Art werden im Namen der Republik durch die dazu besonders bevollmächtigten Organe vollzogen.«

Dieses Dekret ist allerdings mehr formal. Denn die Organe, die diese Käufe ausführen sollten, wurden nicht bestimmt. Es war auch nicht nötig: Denn in den Jahren 1918 und 1919 hörte der Außenhandel Rußlands nahezu auf [2]). Erst im Jahre 1920 begann man, die für das Außenhandelsmonopol notwendige Organisation zu schaffen. In diesem Jahre erging ein Dekret, das die Umwandlung des 1918 gegründeten Kommissariats für Handel und Gewerbe in das Kommissariat für Außenhandel verfügte.

In den ersten Jahren, etwa bis zum Beginn des Jahres 1922, war der Staat einziges Subjekt des Außenhandels. Allerdings war eine Ausfuhr zunächst nicht möglich. Der russische Handel begann mit der Wiederherstellung der Importfunktionen. Die ersten Bestimmungen sprechen daher nur vom Einkauf. Laut Dekret vom 17. 3. 21 geschieht der Kauf von Waren im Auslande ausschließlich durch das Außenhandelskommissariat.

Mit der Einführung der NEP tritt auch auf dem Gebiete des Außenhandels, wenn auch allmählicher als im Innern, eine Änderung

---

[1]) Sammlung der Gesetze und Verordnungen der RSFSR (Sobranie uzakonenij i rasporjaženij) — abgekürzt: GS. RSFSR — 1918, Nr. 23, Art. 432. Siehe auch Sammlung der Dekrete über den Außenhandel (Sbornik dejstvujuščich decretov i postanovlenij po vnešnej torgovle) 1918—24, Moskau 1924, S. 11. Es sei erwähnt, daß die von der RSFSR erlassenen Gesetze über den Außenhandel mit der Gründung der Union auf den ganzen Bund erstreckt wurden. Die Zuständigkeit der Gesetzgebung über den Ausßenhandel steht heute allein dem Bund zu (Art. 1 Bundesverf.).

[2]) Vgl. Kaufmann, Organisation und Regulierung des Außenhandels in der UDSSR, Berlin 1925, S. 51.

ein. Im Prinzip wird das Monopol streng aufrecht erhalten. Aber die schroffe Zentralisierung, die Ausführung sämtlicher Außenhandelsoperationen durch das Kommissariat für Außenhandel, war nicht mehr möglich. Das Kommissariat selbst mußte sich von einer bürokratischen Behörde in eine Handelsinstitution verwandeln, die ihre Tätigkeit nach kaufmännischen Kalkulationen ausübte. Anderen Wirtschaftsorganen wurde, laut Dekret des RVK vom 9. 8. 21 [1]), das Recht verliehen, sich an ausländischen Geschäftsabschlüssen und ihrer Ausführung zu beteiligen. Die Aufsicht blieb dem Außenhandelskommissariat. Trotzdem war damit eine gewisse Dezentralisation gewährleistet [2]). Nachdem diese Entwicklung eingeleitet war, konnte eine grundsätzliche Regelung des ganzen Systems vorgenommen werden. Dies geschah durch ein Dekret des Präsidiums des allrussischen Zentral-Exekutiv-Komitees (AZEK) vom 13. 3. 22 [3]), in dem die allgemeinen Grundsätze der Organisation festgelegt wurden. Es beginnt mit der Feststellung: »Der Außenhandel der RSFSR ist Monopol des Staates.« Das Kommissariat für Außenhandel blieb weiterhin das wichtigste Organ für den Außenhandel. Aber in seinem Aufbau trat eine wichtige Änderung ein, die durch die Änderung der Struktur des Monopols hervorgerufen war. Denn das Dekret vom 13. 3. 22 und ebenso eine Verordnung des AZEK und des RVK vom 16. 10. 22 [4]) bestätigten das Recht dieser oder jener staatlichen Institution, in Einzelfällen selbständige Operationen durchzuführen. Daneben hatte der Zentral-Genossenschafts-Verband, der sogenannte Zentrosojus, das Recht behalten, unmittelbar mit den ausländischen genossenschaftlichen Organisationen in Handelsverbindung zu treten. Schließlich war vorgesehen, besondere Aktiengesellschaften zu gründen — sowohl russische wie ausländische und kombinierte —, die im Konzessionsverfahren zur Teilnahme am Außenhandel zugelassen werden sollten. In der Tätigkeit des Kommissariats wurde eine sehr wichtige Teilung vorgenommen: neben die Ausführung selbständiger Aus- und Einfuhroperationen trat die Erteilung von Genehmigungen für die Ausführung unmittelbarer Geschäftsabschlüsse im Außenhandel

---

[1]) GS. RSFSR 1921, Nr. 59, Art. 403.

[2]) So bestimmt eine Resolution des 9. Rätekongresses vom Dezember 1921: «Der Kongreß erkennt an, daß die Weiterentwicklung der Beziehungen zum Ausland die direkte und unmittelbare Verbindung der Industrie mit dem Auslandsmarkt verlangt.»

[3]) GS. RSFSR. 1922, Nr. 24, Art. 266.

[4]) GS. RSFSR. 1922, Nr. 65, Art. 846.

durch die obengenannten Wirtschaftsorgane. Das Monopol wurde dadurch aufrecht erhalten, daß jeder Geschäftsabschluß der Zustimmung und der Bestätigung durch das Außenhandelskommissariat bedurfte. Wir erkennen, welche Bedeutung von nun an die begriffliche Scheidung in operative oder kaufmännische und in regulierende Funktionen hat.

Nach der Aufzählung bei Kaufmann [1]) werden die operativen Funktionen des Außenhandels ausgeführt: 1. durch die staatlichen Ein- und Ausfuhrkontore (Gostorg) innerhalb der UdSSR, und durch die Handelsvertretungen auf den ausländischen Märkten, 2. durch einzelne Wirtschaftsorgane, denen das Recht zur Ausführung von Aus- und Einfuhroperationen hauptsächlich auf einzelnen Gebieten des Außenhandels gewährt worden ist, 3. durch die gemischten Gesellschaften, und 4. durch die genossenschaftlichen Organisationen. Von den Handelsvertretungen wird später die Rede sein. Die Gostorgi sind staatliche Handelsstellen, die in den einzelnen Bundesrepubliken bestehen, und deren Tätigkeit auf das Gebiet der einzelnen Republik territorial beschränkt ist. Sie sind finanziell autonom und haben das Recht einer juristischen Persönlichkeit, stehen aber unter Leitung eines Vertreters des Narkomtorg (Handelskommissariat). Sie betätigen sich im Auslande nicht selbst, sondern dürfen nur über die Handelsvertretung auf den ausländischen Märkten arbeiten [2]). Im wesentlichen ist ihnen das Gebiet der Landwirtschaft vorbehalten [3]). Die staatlichen Wirtschaftsorgane, die durch die Dekrete des AZEK und RVK vom 16. 10. 22 und vom 12. 4. 23 [4]) unmittelbar zum Außenhandel zugelassen wurden, sind gering an Zahl. Es handelt sich hier um produzierende Staatsorgane, deren Wichtigstes das Naphthasyndikat ist. Unter den gemischten Gesellschaften versteht man ausschließlich Gesellschaften, an denen der Staat oder staatliche Organisationen neben ausländischen Firmen beteiligt sind [5]). Ihr Handel beschränkt sich nicht auf bestimmte Produkte, ist aber im Umfang begrenzt. Sie treiben Export- und Importgeschäfte; der Export überwiegt jedoch weit den Import. Von den Genossenschaften sprachen wir schon.

---

[1]) Kaufmann, aaO. S. 49.

[2]) Mersmann-Soest-Wohl, Die deutsch-russischen Verträge, Berlin 1926, S. 111.

[3]) Kaufmann, aaO. S. 65.

[4]) GS. RSFSR. 1923, Nr. 31, Art. 345.

[5]) Bulletin der Berliner HV 1926, Nr. 1—2, S. 24. Vgl. noch Mersmann, aaO. S. 13 ff.

Sie haben nur das Recht, mit genossenschaftlichen Verbänden des Auslands in Handelsbeziehungen zu treten, müssen sich aber im übrigen an die gewöhnlichen staatlichen Stellen halten. Die wichtigsten Verbände sind der Zentralverband, der Zentrosojus, und der Verband der Landwirtschaftlichen Genossenschaften, der Sjelskosojus. Zu diesen Organen trat Ende des Jahres 1925 noch eine neue Form von Wirtschaftskörpern, die aber ähnlich wie die Gostorgi ein Recht zur Tätigkeit nur auf russischem Boden hatten. Die Anfang November veröffentlichte Resolution des Plenums des Zentral-Komitees der Kommunistischen Partei [1]) sah die Errichtung besonderer Export- und Importsyndikate für die Ein- und Ausfuhr der einzelnen großen Warengruppen vor. Ihre Operationen im Auslande sollten diese Gesellschaften durch die entsprechenden Abteilungen der Handelsvertretungen vornehmen. So wurden z. B. Spezialgesellschaften für Landwirtschaftsexport, Flachsexport, und die Gesellschaften Metallimport, und Elektroimport gegründet [2]).

So scheint sich in den ersten Jahren der NEP eine weitgehende Dezentralisierung für die operativen Funktionen des Außenhandels anzubahnen. Aber obgleich das Monopol nicht in der starren Form, daß der Staat als solcher einziger Im- und Exporteur wäre, erhalten wurde, besteht kein Grund, von einer Durchbrechung des Monopols zu reden: denn bei den genannten Wirtschaftsorganen handelt es sich um staatliche oder, wie bei den gemischten Gesellschaften und Genossenschaften, um staatlich überwachte Unternehmungen. Trotzdem scheint in den letzten Jahren eine rückläufige Entwicklung einzusetzen, so daß die Rolle des Staates im Außenhandel auch operativ wieder erweitert wird.

Es darf aber nicht vergessen werden, daß darüber hinaus der Sowjetstaat zur Aufrechterhaltung der Einheit im Außenhandel mit regulierenden Maßnahmen eingreift. Die zivilrechtliche Grundlage für das Monopol und für die zu dessen Durchführung notwendigen Eingriffe des Staates bildet Art. 17 des Zivilgesetzbuches der RSFSR welcher lautet: »Am Außenhandelsverkehr der RSFSR nehmen alle auf dem Gebiete der RSFSR befindlichen juristischen und physischen Personen lediglich durch Vermittlung des Staats, vertreten durch das

[1]) Bulletin der Berliner HV 1926, Nr. 9—10, S. 114.

[2]) Vgl. über das hier Gesagte auch Freund, Das Außenhandelsmonopol der Sowjetunion, Berlin 1928, und Rabinowitsch, Der russische Staat als Kaufmann in Gesetzgebung und Rechtspraxis des Auslands, Jg. 1926, S. 102.

Volkskommissariat für Außenhandel, teil. Selbständiges Auftreten auf dem auswärtigen Markt ist nur in den vom Gesetz besonders bezeichneten Fällen und nur unter der Kontrolle des Volkskommissariats für Außenhandel zulässig.« Die Fähigkeit zur Vornahme von Außenhandelsgeschäften muß also von Fall zu Fall durch Gesetz verliehen werden. Die in Art. 17 genannte Aufsicht, die sogenannten regulierenden Funktionen, wurden, wie schon im Gesetz vorgesehen, sämtlich im Kommissariat für Außenhandel vereinigt, so daß damit die Einheit im Außenhandelsverkehr gewährleistet war.

Zu den regulierenden Funktionen gehören: der Aus- und Einfuhrplan, die Kontingente, die Lizenzen, die Zollpolitik und die internationalen Verträge. Die letztgenannten Mittel sind in der Staatenpraxis bekannt. Die Zölle wären allerdings bei dem bestehenden System nicht unbedingt zur Regulierung des Handels notwendig. Die Sowjetregierung kann aber mit Hilfe der Zölle eine Regulierung einfacher und bequemer erreichen als mit den anderen ihr zu Gebote stehenden Mitteln. Der Außenhandelsplan ist ein Bestandteil des Gesamtwirtschaftsplanes, auf dem die Sowjetwirtschaft beruht. Bei freiem Außenhandel würde die Handels- und Zahlungsbilanz der UdSSR unvermeidlich passiv. Die Einfuhr soll daher beschränkt und in ein gewisses Verhältnis zur Ausfuhr gebracht werden. Der Außenhandelsplan wird folgendermaßen ausgearbeitet [1]): Nach einer provisorischen Abschätzung des Ernteumfangs wird der innere Bedarf an Getreide und sonstigen landwirtschaftlichen Produkten festgestellt. Die Differenz zwischen der Bruttoproduktion der Landwirtschaft und dem Verbrauch bildet im wesentlichen den Exportfond. Nach Berechnung des inneren Verbrauchs und des Umfangs der möglichen Ausfuhr können Kontingente für die Ein- und Ausfuhr bestimmt werden. Durch das Prinzip der Kontingentierung wird die Ausfuhr der Waren nur in einem Umfange gestattet, der die Interessen der Industrie und der Verbrauchermassen nicht schädigt. Die Lizenzen sind notwendig zum Schutze der Interessen des Monopols. Dieser Schutz ist die wesentliche Aufgabe der Lizenzpolitik: die Operationen müssen entweder unmittelbar durch die Handelsvertretungen oder unter deren Kontrolle zur Ausführung gelangen. Zunächst werden sogenannte orientierende Kontingente festgesetzt, innerhalb deren Grenzen die Lizenzen erteilt werden. Alle Wirtschaftsorgane, die eine Außenhandels-

---

[1]) Kaufmann, Die Außenhandelsorganisation der UdSSR, Berlin 1927 S. 6.

operation vornehmen wollen, bedürfen hierzu einer Lizenz. Eine gewisse Erleichterung hat das Dekret vom 12. 4. 23 [1]) gebracht, indem es das System der Bescheinigungen und Genehmigungen einführte.

Das zentrale Organ des Außenhandelsmonopols, das Kommissariat für Außenhandel, wurde im Herbst 1925 durch Verordnung des ZEK und des RVK vom 18. 11. 25 [2]) vereinigt mit dem im März 1924 gegründeten Kommissariat für Innenhandel. Bei dem in Rußland herrschenden System war es schwer gewesen, die Funktionen der beiden Kommissariate genau abzugrenzen. Wie ein Aufsatz im Bulletin der Berliner Handelsvertretung erklärt [3]), war bei der Beschaffung der Exportwaren, bei ihrer Standardisierung und bei der Entscheidung einzelner Exportfragen, wo es stets darauf ankam, auch den Inlandsbedarf an diesen Waren zu berücksichtigen, der Parallelismus in der Arbeit der beiden Volkskommissariate so unerträglich, daß die Vereinigung unbedingt notwendig wurde. In der Organisation des Narkomtorg, des Volkskommissariats für Handel, läßt sich die Teilung in operative und regulierende Funktionen verfolgen. Seine Hauptaufgaben sind die Regulierung des inneren Marktes, die Verteilung der Kontingente, die auszuführen sind nach den fixierten Plänen, und der Verkauf der eingeführten Waren [4]). Für uns ist wichtig die Abteilung für Operationen im Ausland, der in der Hauptsache die Regulierung und Kontrolle der Außenhandelsorganisationen, die Ausführung der Programme für die Aus- und Einfuhr und die Ausgabe der Lizenzen obliegt. Die Organe des Narkomtorg sind im Innern des Landes seine Bevollmächtigten in den einzelnen Bundesrepubliken, die in der Regel auch gleichzeitig Leiter der in den einzelnen Bundesrepubliken bestehenden Volkskommissariate für Handel sind [5]), im Auslande sind es die Handelsvertretungen. Die Abgrenzung der Tätigkeit der einzelnen Wirtschaftsorgane erfolgt zum großen Teil auf Grund einer territorialen Scheidung. Im Auslande arbeiten die Handelsvertretungen, und zwar jeweils innerhalb der Grenzen ihres Aufenthaltslandes. Im Inlande arbeiten die staatlichen Handelsstellen und die sonstigen heimischen

---

[1]) GS. RSFSR 1923, Nr. 40, Art. 424.

[2]) Sammlung der Gesetze und Verordnungen der UdSSR (Sobranie zakonov rasporjaženij) — abgekürzt GS. UdSSR — 1925, Nr. 78, Art. 590.

[3]) Bulletin der Berliner HV 1925, Nr. 11, S. 13.

[4]) Vgl. Wolff, Die neueste Entwicklung der Handelsgesetzgebung der Sowjetunion in der Zeitschr. für Ostrecht 1927, S. 192 ff.

[5]) Kaufmann, Die Außenhandelsorganisation der UdSSR, S. 7.

Organisationen innerhalb bestimmter Gebiete. Nur gewisse Spezialgesellschaften dürfen überall tätig sein.

Etwa gleichzeitig mit der Reorganisation des Kommissariats hatte man auch mit der Gründung der Ex- und Importsyndikate begonnen; dies zeigt, daß die Ansicht nicht haltbar ist, es werde die in den ersten Jahren der NEP begonnene Dezentralisierung weiter fortschreiten. Auch in den operativen Funktionen suchte der Sowjetstaat wieder zu einer größeren Zentralisierung zu gelangen. Denn mit der Neuordnung wurde die Zahl der auf den Außenmärkten auftretenden Organisationen vermindert, deren Stelle nun die großen Syndikate einnahmen; diese haben jeweils den Gesamtimport und -export einer bestimmten Warengruppe unter sich, dürfen aber auf den ausländischen Märkten nicht selbständig auftreten. Ihre ausländischen Filialen sind in den Apparat der ausländischen Vertretungen des Handelskommissariats eingegliedert. Tatsächlich gab es am 31. 10. 1926 nur noch drei Unternehmungen außer den gemischten Gesellschaften, die einen selbständigen Zugang zum auswärtigen Markt hatten: den Zentrosojus, den Sjelskosojus und die Naphthasyndikate [1]). Was bezweckte die Sowjetregierung mit dieser Reorganisierung? Sie war der Meinung [2]), daß das Bestehen des Monopols, verkörpert durch die Handelsvertretung und die gleichzeitige Tätigkeit der Wirtschaftsorgane, wenn sie auch auf den besonderen Fall eingestellt war, häufig falsche Vorstellungen schuf, und daß eine weitere Zersplitterung in der Tätigkeit der russischen Indsutrie durch Gründung selbständiger ausländischer Vertretungen unzweckmäßig sei. Daher suchte sie die Zahl der auf dem Außenmarkt selbständig auftretenden Organisationen möglichst zu

---

[1]) Kaktyn kennzeichnet in einem Aufsatz über Planwirtschaft (Bulletin der Berliner HV 1926, Nr. 11, S. 5 ff.) diese Entwicklung folgendermaßen: »Die Einheit des Handelssubjekts war also aufgehoben, und durch die Einheit einer Instanz zur Kontrolle und Regulierung des Außenhandels ersetzt, wobei das Bestreben dahin ging, bei zunehmender Konzentrierung des Handelskapitals im Inland wieder eine operative Zentralisierung durchzuführen, wenn auch nicht ganz im ursprünglichen Maßstabe.« Er sieht schon eine Umwandlung des Warenaustausches in die planmäßige regulierte Verteilungsform des Sozialismus. Die in verschiedenen Zeitungen geäußerte Ansicht, daß die Reorganisierung des Außenhandelsapparates eine Erleichterung im Handelsverkehr mit Rußland bezwecke, dürfte kaum richtig sein. So auch Mersmann-Soest-Wohl, aaO. S. 262: Er schließt aus der Umwandlung, daß die zunehmende Rationalisierung der unmittelbaren Geschäftstätigkeit eine autonome Selbstverwaltung innerhalb des Monopols ermöglichen werde.

[2]) Bulletin der Berliner HV 1926, Nr. 9/10, S. 6.

beschränken. Die Neuorganisation bedeutet, wie Cleinow sagt [1]), vor allem eine neuerliche Konzentrierung des Monopolapparates und eine wesentliche Erleichterung seiner Kontrolle durch die Zentralorgane in Moskau. Wenn wir diese Entwicklung überschauen, ist der Standpunkt des Sowjetjuristen Korezky kaum zu halten [2]), der in der Handelsvertretung vorzugsweise ein Staatsorgan sieht, das den Außenhandel reguliert, und eine stufenweise Umwandlung der Handelsvertretung in ein lediglich regulierendes Organ vorhersagt. Denn mit der Zurückdrängung der anderen Organisationen vom Außenmarkt ist die Bedeutung der Handelsvertretung auch als eines operativen Organs wieder sehr verstärkt worden [3]).

Sowjetrußland kann aus politischen und aus wirtschaftlichen Gründen nicht auf das Monopol verzichten. Aus politischen Gründen, weil ohne Bestehen des Monopols das im Inland eingeführte System nur mit viel größeren Schwierigkeiten aufrecht erhalten werden könnte, aus wirtschaftlichen Gründen, weil ohne das Monopol die wirtschaftliche Autonomie Rußlands zerstört würde. Denn das Monopol soll die wirtschaftliche Autarkie Rußlands fördern. Daher beschränkt es sich nicht auf die Kontrolle, es führt mittelbar zu einer Beherrschung der Wirtschaft, zur Einwirkung auf den Produktionsprozeß durch Normalisierung und Typisierung der Ausfuhrwaren [4]). Daher hat die Sowjetregierung in den Abmachungen mit ausländischen Staaten stets großen Wert auf die Anerkennung des Außenhandelsmonopols gelegt und die Anerkennung stets mit großer Zähigkeit durchzusetzen gewußt[5]). Sie geschah in den einzelnen Verträgen in verschiedener Form. So heißt es z. B.: »Der Handel zwischen beiden Ländern muß in Übereinstimmung mit den Gesetzen vor sich gehen, die in jedem Lande bestehen.« (Abkommen mit Schweden vom 15. 3. 24, Art. 1; ähnlich

---

[1]) Cleinow, Die deutsch-russischen Rechts- und Wirtschaftsverträge, Berlin 1926, S. 264.

[2]) Korezky, Probleme des internationalen Handelsrechts im Sowjetrecht, Zeitschrift für Ostrecht 1926, S. 767.

[3]) Vgl. Freund, aaO. S. 22, der hier seine früher geäußerte gegenteilige Ansicht aufgibt.

[4]) Mersmann, aaO. S. 259.

[5]) Kaufmann (ein hoher Beamter im Handelskommissariat der UdSSR) sagt hierüber (Bulletin der Berliner HV 1927, Nr. 17, S. 7): »Handelsverträge mit kapitalistischen Staaten sind nur annehmbar unter Voraussetzung der Anerkennung des Außenhandelsmonopols.«

Art. 2 des Abkommens mit Dänemark vom 23. 4. 23) [1]. »Jede der Parteien richtet in ihrem Außenhandel dasjenige System ein, das sie für zweckmäßig erachtet« (Vertrag mit Persien vom 3. 7. 24, Art. 10): »davon ausgehend, daß das Monopol des Außenhandels in der UdSSR dem Staate zusteht . . .« (Vertrag mit Italien vom 17. 2. 24; fast ebenso Vertrag mit England vom 8.8.24; nicht ratifiziert [1])). Im Vertragswerk mit Deutschland läßt sich an zwei Stellen eine Anerkennung finden. In Art. 2 des Wirtschaftsabkommens heißt es: »Für die Ausübung des Außenhandelsmonopols ist der Botschaft der UdSSR . . . eine Handelsvertretung angegliedert . . .« Und Art. 12 desselben Abkommens bestimmt: »Sofern einer der vertragschließenden Teile das Außenhandelsmonopol . . . eingeführt hat oder einführt . . .« Am deutlichsten ist die Anerkennung zum Ausdruck gebracht in dem im Jahre 1927 von der UdSSR mit Lettland abgeschlossenen Vertrage [2]), dessen Art. 5 besagt: »Pour réaliser le monopole du commerce extérieur, qui d'après les lois de l'Union des Républiques socialistes soviétiques, appartient au gouvernement de l'Union...« (fast gleichlautend Art. 17 des estnisch-russischen Vertrages vom 17. 5. 1929) [3]). Im englisch-russischen Temporary Agreement [4]) vom 16. 4. 1930 heißt es in Art. 2: »In view of the fact that, by virtue of the laws of the Union of Soviet Socialist Republics, the foreign trade of the Union is a State monopoly . . .« Das Außenhandelsmonopol ist also in allen Verträgen von den mit der Sowjetunion abschließenden Staaten anerkannt worden.

Abgesehen von der wirtschaftlichen Bedeutung des Monopols, sollte es aber noch einen tieferen Zweck erfüllen, der zeitweise allerdings stark zurücktrat. Es wurde schon früher von der Zweiseitigkeit im Sowjetsystem gesprochen. Man ist versucht, auch hier nach ihr zu suchen. Punkt 8 der Richtlinien der III. Internationale vom Jahre 1920 erklärt: »Die Tendenz zur Schaffung einer Weltwirtschaft muß nach einem durch das Proletariat aller Nationen zu regulierenden Plane weiter entwickelt werden und zur vollen Durchführung im Sozialismus gelangen.« Das Handelsmonopol war also auch als Werkzeug für die Ziele der III. Internationale gedacht [5]). Es ist klar, daß

[1]) Grotius, Die Wirtschaftsverträge der Sowjetunion seit Rapallo, Berlin 1924.

[2]) Société des Nations, Recueil des Traités 1927, Nr. 1591.

[3]) GS. UdSSR, 1929, Nr. 42.

[4]) Treaty Series 1930, Nr. 19.

[5]) Cleinow, Die deutsch-russischen Rechts- u. Wirtschaftsverträge, Berlin, 1926, S. 246, meint, daß der Staat, der nur wirtschaftliche Ziele verfolge, sich

das Monopol eine starke Waffe in der Hand des sowjetrussischen Staates sein kann; denn er ist in der Lage, in kürzester Zeit zu einem scharfen Boykott ausländischer Märkte überzugehen, ohne eine sonstige politisch feindliche Handlung vorzunehmen. Je nach dem Zustand des ausländischen Marktes kann diese Waffe äußerst wirksam sein [1]).

---

mit einer Organisation begnügen könne, die auf dem eigenen Staatsgebiet bleibt, also mit einem — wie er es nennt — gegenüber dem Auslande passiven Monopolorgan. Um aber die ihm von der Komintern zugewiesenen Aufgaben erfüllen zu können, müßte das Monopol über die Grenzen hinausstoßen, muß es aktiv werden.

[1]) Mersmann, aaO. S. 259. Vgl. auch Cleinow, Deutsch-russische Wirtschaftsverhandlungen, Wirtschaftsdienst 1928, Heft 11: »Die gesamte Initiative im Handel liegt bei der Sowjetunion. Sie tritt mit der ganzen Wucht eines monopolistischen Großkäufers auf, sie duldet keinerlei Erkundung ihres Marktes, duldet kein Vordringen ausländischer Unternehmer und Händler in ihr Territorium.«

Aufgaben und Aufbau der russischen Handelsvertretungen.

Die russischen Handelsvertretungen mit der Fülle der ihnen zugewiesenen Aufgaben scheinen etwas durchaus Neues zu sein. Gab es aber nicht doch schon Institutionen, an welche die Sowjet-Regierung bei der Schaffung der Handelsvertretungen anknüpfen konnte?

Man kennt die Einrichtung der Handelsattachés bei den diplomatischen Vertretungen. Ihre Tätigkeit ist aber mehr informatorisch, und wenn dies auch eine der Aufgaben der Handelsvertretungen ist, so tritt sie doch hinter den anderen zurück.

Die Vertretung der Handelsinteressen war früher und ist auch heute unter gewöhnlichen Verhältnissen noch die Hauptaufgabe der Konsuln. Sobald aber der Handel im wesentlichen nicht mehr frei ist, wird es für sie kaum mehr möglich sein, dieser Aufgabe nachzukommen. Das russische Recht hat sie der Handelsvertretung übertragen, die für den Handel im Ausland zu sorgen hat. Naturgemäß muß dadurch die Bedeutung der Konsuln sehr zurückgehen. Dies wird auch in einer sowjetrussischen Besprechung des deutsch-russischen Konsularvertrags ausdrücklich hervorgehoben [1]). Für die wichtigsten Funktionen tritt an Stelle der Konsuln die Handelsvertretung.

Es gibt aber einen Punkt — er wurde schon berührt —, wo sich Verwandtes erkennen läßt, und es erscheint nicht ausgeschlossen, daß das Sowjetrecht hier angeknüpft hat. Als die einzelnen Staaten während des Weltkrieges in früher unerhörtem Ausmaße in den Handel eingriffen und der freie Handel mit dem Ausland so gut wie ausgeschlossen war, hatte dies zur Folge, daß den auswärtigen diplomatischen Vertretungen eine größere Anzahl von Handelsattachés und Geschäftsvertretern beigegeben werden mußte, damit der Staat in der Lage war, die für die Regulierung und Durchführung des Außenhandels notwendigen Maßnahmen zu treffen. Diese staatlichen Geschäftsvertreter haben sich auch nach dem Kriege noch recht lange gehalten. Es war

---

[1]) Bulletin der Berliner Handelsvertretung, 4. Jahrgang, Heft 12, S. 47.

natürlich, daß die diplomatischen Vertretungen einen immer größeren Umfang annahmen, und daß die diplomatische Immunität auf einen immer größeren Kreis von Personen erstreckt wurde. Dies wurde damals von den neutralen Regierungen ruhig hingenommen, da es Kriegsmaßnahme war und da vor allem das wirtschaftliche Interesse maßgebend blieb. Wenn einige Jahre nach dem Kriege die Sowjetregierung mit dem Anspruch hervortrat, ihrer diplomatischen Vertretung eine Handelsvertretung anzugliedern, so konnte sie auf diese Übung verweisen, die sich im Kriege entwickelt hatte.

Die Sowjetregierung hat es nicht sofort gewagt, als Vertreterin des handeltreibenden Staates aufzutreten. Die erste wirtschaftliche Fühlungnahme wurde aufgenommen von der sogenannten Handelsdelegation des Zentrosojus, die unter Leitung des Volkskommissars für Außenhandel, Krassin, im Jahre 1920 in England, Schweden, Dänemark und Italien Verhandlungen führte [1]). So entstand am 15. 5. 1920 ein Abkommen des Zentrosojus mit einem schwedischen Industriekonzern und ein anderes mit einer italienischen Genossenschaft am 29. 3. 20 [2]). Erst als die Sowjetregierung die Lage der europäischen Wirtschaft deutlicher erkannte und vor allem ihr starkes Bedürfnis nach neuen Absatzmärkten sah, begann sie ihre Forderungen zu steigern. Aber in den ersten Abkommen waren die rechtlichen Fragen noch nicht klar geregelt. Sie waren, wie das Abkommen mit England vom März 1921 und das mit Deutschland vom Mai 1921 [3]) über die Erweiterung des Tätigkeitsgebiets der bestehenden beiderseitigen Delegationen für Kriegsgefangenenfürsorge, als vorläufige gedacht, wie sich dies bei dem deutschen Abkommen ja schon aus dem Titel ergibt. Es wurden bereits damals Handelsvertretungen eingerichtet. Sie waren auch mit gewissen diplomatischen Vorrechten ausgestattet. Aber ihre Stellung zur diplomatischen Vertretung konnte nicht geregelt werden, da dieselben nicht bestanden. Ebensowenig war die Beziehung der Handelsvertretung zum Staatsmonopol ausgesprochen, noch auch ihre Stellung gegenüber sonstigen russischen Unternehmungen. Ihre Aufgaben waren nirgends klar definiert. Dies war auch gar nicht möglich. Denn das Außenhandelsmonopol stand damals noch in seinem Anfangsstadium, und erst die Entwicklung der

---

[1]) Mersmann, aaO. S. 10 und Jéramec, Le monopole de commerce extérieur en Russie soviétique, Paris 1928, S. 105.

[2]) Korezky, S. 873.

[3]) RGBl. 1921, S. 929.

Organisation und der gegenseitigen Handelsbeziehungen konnte die notwendigen Anhaltspunkte für eine genauere rechtliche Regelung geben.

Aus der Aufzählung der Aufgaben der Handelsvertretungen in den einzelnen Verträgen geht hervor, daß dieselben sehr verschiedenartig und nicht auf einen Nenner zu bringen sind. Diese Tatsache macht auch bei der rechtlichen Behandlung der Handelsvertretungen Schwierigkeiten.

Im deutsch-russischen Vertrag (Wirtschaftsabkommen Art. 3) und wörtlich fast gleichlautend im italienisch-russischen Vertrag, Art 3 [1]), im lettisch-russischen Vertrag, Art. 5 [2]), im estnisch-russischen Vertrag [3]) [4]) sind ihre Aufgaben folgendermaßen umschrieben:

»a) Die Handels- und Wirtschaftsbeziehungen zwischen Deutschland und der UdSSR zu fördern sowie die Interessen der UdSSR auf dem Gebiete des Außenhandels zu vertreten,

b) für die UdSSR die Regulierung des Außenhandels für Deutschland vorzunehmen,

c) für die UdSSR Außenhandel mit Deutschland zu treiben.«

Hier sind Aufgaben vereinigt, die früher den Konsuln und evtl. den Handelsattachés zufielen, Aufgaben, die während des Krieges von staatlichen Geschäftsvertretern wahrgenommen wurden und schließlich auch ganz neuartige Aufgaben. Abgesehen von der informatorischen Tätigkeit, kann man für die Hauptaufgaben der Handelsvertretung eine Zweiteilung vornehmen, wie wir sie schon beim Außenhandelsmonopol beobachtet haben. Da das Außenhandelsmonopol zur Durchführung in regulierenden und operativen Funktionen kommt, muß sich ein ähnliches Verhältnis bei den Handelsvertretungen, den Verkörperungen des Monopols auf dem Außenmarkt, wiederholen. Daher haben die Handelsvertretungen eine doppelte Natur: sie sind gleichzeitig regu-

---

[1]) Raccolta ufficiale 1924, I, Nr. 342.

[2]) S. d. N. Recueil des Traités 1927, Nr. 1591.

[3]) Abgeschlossen am 17. 5. 1929. GS. UdSSR 1929, Nr. 42.

[4]) Im englisch-russischen Temporary Agreement vom 16. 4. 1930 lautet der Passus folgendermaßen:

The functions of the Trade Delegation shall be —

a) to facilitate and encourage the development of trade and commerce between the United Kingdom and the Union of Soviet Socialist Republics;

b) to represent the interests of the Union of Soviet Socialist Republics in all that partains to the foreign trade of the Union, and to control, regulate, and carry on such trade with the United Kingdom for and on behalf of the Union of Soviet Socialist Republics.

lierende und operative Organe [1]). Einerseits müssen sie den Außenhandel regulieren, der im Aufenthaltslande von einzelnen Behörden, Organisationen und Personen vorgenommen wird, die dazu eine gehörige Erlaubnis bekommen haben; andererseits liegt ihnen die Durchführung der Handelsoperationen ob sowohl infolge Auftrags des Volkskommissariats für Handel, wie auch auf Grund von Kommissionsaufträgen der Staatsorgane und der übrigen Organisationen und Personen, denen solche Auftragserteilung durch Gesetz gestattet ist [2]). Wenn es eine Zeitlang schien, daß die Handelsvertretung zu einer rein regulierenden Behörde werden würde, so hat sich dies nicht bestätigt: durch die Beschränkung derjenigen Wirtschaftsorgane, die selbständig, wenn auch unter der Kontrolle der Handelsvertretung, auf dem ausländischen Markt auftreten durften, ist die Bedeutung der Handelsvertretung als eines operativen Organs wieder stark gestiegen.

Dieser Art der Aufgaben entspricht der Aufbau der Handelsvertretung. Es versteht sich von selbst, daß die Organisation, die solchen schwierigen Aufgaben gewachsen sein soll, sehr durchgebildet sein muß [3]).

An der Spitze der Handelsvertretung steht ein Handelsvertreter, der auf Antrag der Kommissariate für Handel und für auswärtige Angelegenheiten ernannt und abberufen wird. Er leitet die gesamte Tätigkeit der Handelsvertretung und vertritt sie nach außen. Die Vollmachten des Handelsvertreters werden durch das ihm vom Rat der Volkskommissare erteilte Mandat und durch die zwischen der UdSSR und den entsprechenden Ländern bestehenden Abmachungen bestimmt. Die Handelsvertretung zerfällt in drei Hauptabteilungen: das volkswirtschaftliche Departement, das Regulierungsdepartement und die Handelszentrale für Ein- und Ausfuhr. Zum volkswirtschaftlichen Departement gehören zwei Abteilungen, eine Informations- und eine Konzessionsabteilung. Die letztere ist zwar der Handelsvertretung angegliedert, untersteht aber im übrigen direkt dem Hauptkonzessions-

---

[1] Korezky, aaO. S. 763; Kaufmann, Die Außenhandelsorganisation der UdSSR S. 7.

[2]) Vgl. Règlement über die HV vom 11. 3. 1924 (Sammlung d. Dekrete über den Außenhandel 1918—1924, S. 40 ff.).

[3]) Über das Folgende vgl. Mersmann, S. 304 ff.; Glanz, Deutsch-russisches Vertragswerk S. 223 ff.; Cleinow, Deutsch-russische Verträge, S. 328 ff. Es wird vom Aufbau der Berliner Handelsvertretung ausgegangen, deren Organisation am stärksten durchgebildet und für die anderen Handelsvertretungen vorbildlich ist.

komitee in Moskau. Es hat für die Heranziehung von Kapital zur Anlage in Sowjetrußland zu sorgen. Die Informationsabteilung hat sich über die Wirtschaftslage im Aufenthaltslande und in den angrenzenden Ländern zu unterrichten und die entsprechenden Organe der UdSSR davon in Kenntnis zu setzen; sie hat auch das Aufenthaltsland von den wirtschaftlichen Vorgängen in der UdSSR zu unterrichten. Ihre Tätigkeit ist rechtlich wenig von Interesse, da sie ja selbst nicht in den Handel eingreift.

Dagegen sind für die Ausgestaltung und Durchführung des Monopols das Regulierungsdepartement und die Handelszentrale sehr wichtig. In ihnen sind die regulierenden und operativen Funktionen des Monopols verkörpert [1] [2]. Das Regulierungsdepartement zerfällt in drei Abteilungen, für Handelsregulierung, für Lizenzen und Visen, und für Messen und Ausstellungen. Die Abteilung zur Regulierung des Handels führt die Aufsicht über die auf dem ausländischen Markt auftretenden Organisationen, denen das Recht hierzu gewährt ist, seien es nun staatliche, öffentliche, genossenschaftliche oder gemischtwirtschaftliche Unternehmungen. Sie bestätigt, soweit dies erforderlich ist, die Geschäfte dieser Unternehmungen (vgl. deutsch-russischer Vertrag, Wirtschaftsabkommen, Art. 9) und beaufsichtigt deren Durchführung. Die Abteilung für Lizenzen und Visen erteilt die Erlaubnis zur Einfuhr von Waren in das Gebiet der UdSSR. Denn die Einfuhr von Waren, sofern sie nicht durch den Staat selbst vorgenommen wird, ist nur auf Grund einer besonderen Erlaubnis möglich, die den zum Außenhandel zugelassenen Unternehmungen in einem gewissen Umfange erteilt wird. Im übrigen stellt sie Visen aus für ausländische Schiffe, die Häfen der UdSSR anlaufen und begutachtet die ihr vorgelegten Einreisegenehmigungen für Vertreter der Wirtschaft.

Der Handelszentrale für Ein- und Ausfuhr fallen die operativen Funktionen zu [3]. Sie ist der kaufmännische Teil der Handelsvertretung.

---

[1]) Reglement über die Handelsvertretungen vom 11. 3. 1924 § 6 aaO.

[2]) Der Teilung entspricht die Unterscheidung der Quellen in der Ausgabendeckung: der regulierende Teil wird unterhalten aus Staatsmitteln, die im Etatswege aus dem Staatshaushalt zur Verfügung gestellt werden, der kaufmännische Teil wird ebenso wie die Staatsunternehmungen nach den Grundsätzen wirtschaftlicher Berechnung finanziert. Korezky, aaO. S. 763.

[3]) Bulletin der Berliner HV 1925, Nr. 8/9, S. 185. Die »Grundsätze über die Tätigkeit des Handelsdepartements der HV der UdSSR in Deutschland« wurden am 18. 8. 1925 bestätigt. Danach werden die einzelnen operativen Abteilungen der HV zu selbständigen Handelsunternehmungen, die auf kaufmännischer Grundlage und mit eigener Bilanz arbeiten.

An ihrer Spitze steht eine Direktion mit einem eigenen Sekretariat. Sie hat autonome Abteilungen für Ein- und Verkauf, die in Unterabteilungen für die verschiedenen Warengruppen zerfallen, die in der Ein- und Ausfuhr eine wesentliche Rolle spielen. Es gehört dazu eine Transportsektion, welche die Transportorgane der einzelnen Abteilungen überwacht und selbst Generalverträge mit Transport- und Versicherungsgesellschaften schließt, auch Seeschiffe chartert. Schließlich gibt es im Rahmen der Handelszentrale noch eine besondere Finanzverwaltung.

Zweigstellen der Handelsvertretung sind in verschiedenen Ländern gegründet worden. Ihre rechtliche Stellung wurde, sofern sie in den Verträgen erwähnt sind, verschieden geregelt. In Deutschland bestehen drei, in Hamburg, Königsberg und Leipzig. Bei den Handelsvertretungen selbst gibt es Vertretungen der Außenhandelsorgane der Unionsrepubliken, und außerdem werden von einzelnen Volkskommissariaten und sonstigen Behörden der UdSSR Beauftragte in die Handelsvertretungen entsandt.

Der Überblick über diese Organisation zeigt, daß die Handelsvertretungen verwickelte Gebilde sind, in denen sich sehr verschiedene Dinge vereinigen. Teils sind sie Nachrichtenapparat für die Plankommission und Propagandabüro für den sowjetrussischen Handel. Teils sind sie Aufsichtsbehörde und Verwaltungs- und Kontrollorgan und erscheinen damit als Zentralbehörden, deren Maßnahmen von der Hoheitsgewalt des Staates, von seinem imperium getragen werden. Schließlich treten sie als Kommissionär für die Außenhandelsoperationen der russischen Handelsorganisationen auf und sind Großhandelsunternehmen, durch die der russische Staat seine Waren einkauft und verkauft. Nach der gewöhnlichen Terminologie wäre es der Staat in seiner Erscheinungsform als Fiskus, der hier tätig ist. Aus dieser Zwiespältigkeit erklärt es sich, daß man in der Handelsvertretung teils »Beamte« findet, welche die staatliche Autorität vertreten, teils nur kaufmännische »Angestellte«, die rein kaufmännisch die Handelsgeschäfte des russischen Staates durchzuführen haben [1]. Es ist ohne weiteres verständlich, daß diese Zwitterstellung die ganze Organisation recht undurchsichtig macht, und daß es schwer ist, einheitliche

---

[1]) Cleinow, aaO. S. 334.

Grundsätze für die rechtliche Behandlung der Handelsvertretung zu finden.

Welches ist nun das Verhältnis der Handelsvertretungen zu den übrigen Handelsunternehmungen, die bei der Darstellung des Monopols aufgezählt wurden? Haupthandelsorgane auf den ausländischen Märkten sind allerdings die Handelsvertretungen, wie dies schon in den Dekreten von März und April 1923, vor allem im Dekret des AZEK und RVK von 12. 4. 1923 [1]) festgestellt wurde. Aber auch die Organisationen, die außer den Handelsvertretungen noch auf dem Außenmarkt auftreten, sind nicht selbständig, sondern stehen in starker Abhängigkeit von den Handelsvertretungen. Das einzige Unternehmen, das auf dem Außenmarkt eine ziemlich selbständige Stellung einnimmt, ist das Naphtha-Syndikat. Die Handelsvertretungen haben gegenüber diesen Organisationen ein weitgehendes Kontroll- und Aufsichtsrecht. Aber auch die Erteilung von Lizenzen, ohne welche sie Außenhandelsgeschäfte nicht vornehmen dürfen, steht den Handelsvertretungen zu, soweit sie nicht vom Narkomtorg oder von dessen Gebietsorganen erteilt werden [2]). Häufig wieder treten die Handelsvertretungen für die Lizenzinhaber als Kommissionäre auf, in jedem Fall dann, wenn dieselben im Auslande nicht arbeiten dürfen [3]). Einigen staatlichen Institutionen wurde durch § 5 der schon genannten Verordnung vom 12. 4. 23 das Recht eingeräumt, ihre speziellen Vertreter in die Handelsvertretung zu senden. Die in den Jahren 1925 und 1926 neu gegründeten Export- und Importsyndikate, die nicht im Auslande arbeiten, schließen Generalverträge mit den Handelsvertretungen ab und übertragen die Ausführung ihrer Aufträge besonderen, diesem Zwecke speziell angepaßten Abteilungen der Handelsvertretung [4]).

Die Abgrenzung der Tätigkeit der Handelsvertretung von der der übrigen russischen Organisationen erfolgt auf Grundlage einer territorialen und funktionellen Scheidung. Jede Handelsvertretung arbeitet in der Regel nur in ihrem Aufenthaltslande. In Rußland dürfen die Handelsvertretungen außer Kommissionsaufträgen, die den Import betreffen, keine Operationen ausführen [5]). Neben den Handelsvertretungen sind auf dem Außenmarkt noch besondere Export-

---

[1]) GS. RSFSR 1923, Nr. 31, Art. 343.

[2]) Kaufmann, Organisation und Regulierung des Außenhandels, S. 53.

[3]) Rabinowitsch, Der russische Staat als Kaufmann in »Gesetzgebung und Rechtspraxis des Auslands« 1926, S. 102.

[4]) Bulletin der Berliner Handelsvertretung 1926, Nr. 9/10, S. 6.

[5]) Kaufmann, aaO. S. 65.

organisationen tätig, die nur eine bestimmte Ware wie z. B. Naphtha vertreiben. Schließlich gibt es noch einige Spezialgesellschaften, die überall arbeiten dürfen.

Tatsächlich wird, wie aus dieser Darstellung hervorgeht, der Außenhandel im jeweiligen Lande von der Handelsvertretung geführt: Sie allein kann auf Grund höherer Weisungen Bestimmung treffen über Art, Richtung und Umfang des Außenhandels, und es ist ihr jederzeit die Möglichkeit gegeben, entscheidend in den Außenhandel einzugreifen, ja sogar sämtliche Geschäfte, auch die der anderen Organisationen, abzubrechen, wenn Gründe wirtschaftlicher, vor allem aber politischer Natur dies zu fordern scheinen.

Die UdSSR und das Völkerrecht.

Die Schwierigkeiten, die sich bei Verhandlungen mit der Sowjetunion durch die Verschiedenheit in ihrem politischen und wirtschaftlichen Aufbau ergeben, werden noch vergrößert durch die Verschiedenheit der Rechtsauffassung, die sich nicht nur im System des Landesrechts zeigt, sondern auch die russische Völkerrechtsdoktrin sehr stark beeinflußt. Für das Verständnis der rechtlichen Fragen, die bei den Verhandlungen über Handelsverträge auftauchen, ist es nötig, kurz auf diese russische Rechtsauffassung einzugehen. Die Ansprüche, die die Sowjetregierung stellt, werden nur aus ihr ganz verständlich, und die den Handelsvertretungen gewährte Rechtsstellung ist unter anderem davon abhängig, wieweit der russischen Sehweise Rechnung getragen wird.

Schon der erste Artikel des Zivilgesetzbuches der RSFSR zeigt die von der abendländischen vollkommen verschiedene Rechtsauffassung; denn er bestimmt [1]): »Die bürgerlichen Rechte werden durch das Gesetz geschützt mit Ausnahme der Fälle, in denen sie im Widerspruch zu ihrer sozialwirtschaftlichen Bestimmung verwirklicht werden.« Art. 16 des Strafgesetzbuches des RSFSR [2]) sagt: »Wenn die eine oder andere gemeingefährliche Tat in diesem Gesetzbuch nicht vorgesehen ist, so bestimmen sich die Grundlagen und Grenzen der Verantwortlichkeit analog nach den Bestimmungen des Gesetzbuches, die für die der Art nach ähnlichsten Delikte vorgesehen sind.« Diese beiden Bestimmungen kennzeichnen deutlich den Unterschied. Die sozialwirtschaftlichen und revolutionären Zwecke, denen das Gesetz dient, sind bei seiner Anwendung zur Geltung zu bringen. Tritt es mit diesem Grundsatze in Widerspruch, der immer der oberste Leitgedanke sein muß, so verliert es seine Kraft.

---

[1]) Graždanskij Kodex RSFSR (in Geltung seit 1. 1. 1923).

[2]) Ugolovnyj Kodex RSFSR (in Geltung seit 1. 1. 1927). Eine ähnliche Bestimmung fand sich in der früheren Fassung des Strafgesetzbuchs (vgl. Freund, Strafgesetzbuch Sowjetrußlands, Mannheim 1925) in § 10. Vgl. hierzu: Pasche-Oserski, Das neue Strafrecht der Sowjetunion, in Osteuropa 1927/28, S. 469.

Damit wird es zu einem reinen Hilfsmittel, seine Unbedingtheit ist verschwunden und das Maß der Sicherheit, das es dem Einzelnen bietet, ist sehr verringert. Kann doch nach Auffassung der Sowjetjuristen ein noch nicht veröffentlichtes Dekret angewandt werden, ja es ist möglich, ein Dekret auf Lebensverhältnisse anzuwenden, die vor dessen Inkrafttreten entstanden sind [1]). So ist der Grundsatz der rückwirkenden Kraft der Gesetze zur allgemeinen Regel geworden. Auch wird nicht anerkannt, daß das Gesetz maßgebend der Verwaltung übergeordnet sei. Unter diesen Umständen lassen sich die Normen des geschriebenen Rechts in Sowjetrußland kaum als Gesetze bezeichnen.

Der Sowjetjurist Stučka bezeichnet den größten Teil der Gesetze als technische Instruktionen. Nur die allgemeinen Bestimmungen seien wirklich bindend [2]). So kommt das Sowjetrecht zu der Auffassung, daß trotz aller geschriebenen Rechte letzten Endes vom Standpunkt der revolutionären Zweckmäßigkeit aus zu entscheiden sei [3]). Wenn auch mit der fortschreitenden Festigung des sowjetrussischen Staates eine Konsolidierung des Rechtszustandes eintritt: die Gefahr, die in diesen Prinzipien liegt, darf nicht übersehen werden.

Immerhin kann man, wie die Entwicklung im Innern mit der Zeit eine stärkere Sicherung der persönlichen Rechtsgarantien mit sich bringt, diese in bedeutend höherem Maße bei internationalen Vereinbarungen annehmen. Die Handelsverträge der Sowjetunion sind auf dem Prinzip der Gegenseitigkeit aufgebaut. Da der Bund der Rätestaaten ein starkes Interesse an der Einhaltung der Rechtsgarantien durch die Gegenseite hat, wird er auch auf seiner Seite eine gewisse Sicherheit eintreten lassen. Dies zeigt sich im deutschrussischen Vertragswerk, vor allem in der 3. Note, die von Litwinow an Brockdorff gerichtet wurde. Nach ihr soll der § 30 des russischen Zivilgesetzbuchs nicht in Anwendung kommen, soweit es sich um Geschäfte der Handelsvertretung und anderer staatlicher Organe der UdSSR mit deutschen Wirtschaftsorganen handelt. Nach § 30 ist ein Rechtsgeschäft, das auf die offenbare Schädigung des Staates

---

1) Alexejew und Timaschew, Rechtsbildung und Rechtsverwirklichung in: Das Recht Sowjetrußlands, S. 10.

2) Stučka, Die revolutionäre Rolle von Recht und Staat (Revolucionnaja rol' prava i gosudarstva) Moskau 1924, S. 100.

3) Stučka, aaO. S. 103. Vgl. auch Eženedel'nik sovetskoj justicii 1922, Nr. 41; Rabinowitsch in der Jur. Woch., 55. Jahrg., S. 352 und Mirkine-Guetzévitch in der Revue générale de droit international public 1925, S. 314.

gerichtet ist, nichtig. Durch diese Note soll die Möglichkeit ausgeschlossen werden, Verträge, die sich für den russischen Staat als ungünstig erweisen, zu annullieren, soweit sie den Vorschriften des russischen Rechts unterstehen [1]).

Die Verschiedenheit der Rechtsauffassung zeigt sich ebenfalls auf völkerrechtlichem Gebiet. Auch hier wird dem Recht der bindende Charakter in weitem Umfang abgesprochen, der clausula rebus sic stantibus eine sehr bedeutende Rolle zuerkannt. Die Verschiedenheit kommt deutlich zum Ausdruck in der programmatischen Schrift E. Korowins: Das Völkerrecht der Übergangszeit [2]). Er geht davon aus, daß das Völkerrecht der heutigen Zeit für Rußland dadurch bedingt sei, daß es sich als einziger sozialistischer Staat von lauter kapitalistischen Staaten umgeben finde. Bis einmal die ganze Welt sozialistisch geworden sei, müsse in den Beziehungen zwischen den sozialistischen und den kapitalistischen Staaten ein Völkerrecht der Übergangszeit herrschen, welches die Verschiedenheiten berücksichtige. Die pragmatische Auffassung des Rechts [3]) macht naturgemäß eine besondere Vorsicht beim Abschluß von Verträgen mit der Sowjetunion erforderlich. Stets hat die Theorie einen höheren Zweck im Auge. An Stelle der alten Völkerrechtsgemeinschaft soll eine neue, auf anderen Rechtsgrundlagen aufgebaute, zwar auch universelle, aber kommunistische Völkerrechtsgemeinschaft treten. So erkennt sich die Sowjetregierung das Recht zu, für die kommunistischen Organisationen in anderen Ländern einzutreten [4]), und die russische Völkerrechtstheorie rechtfertigt kommunistische Propaganda und Aktion im Auslande [5]). Welche Bedeutung eine solche Auffassung auch für die der Handelsvertretung zu gewährenden

---

[1]) Vgl. auch das Urteil des Obersten Gerichts Moskau in Eženedel'nik, sovjetskoj justicii 1926, S. 221, wonach ein Rechtsgeschäft wegen Schädigung des Staates nach § 30 nur dann nichtig ist, wenn beide Parteien den gesetzwidrigen Zweck des Geschäfts gekannt haben.

[2]) Korovin: Meždunarodnoe pravo perechodnogo vremeni, Moskau 1926. (Deutsche Übersetzung Berlin 1929.)

[3]) Vgl. Korovin aaO. S. 105: «Das Factum ist von normativer Bedeutung für das Recht»; Mirkine-Guetzévitch, La doctrine soviétique du droit international, Revue générale de dr. internat. public, 1925, S. 314: «L'idée de la valeur intrinsèque du droit est entièrement étrangère au régime des Soviets. En Russie soviétique il n'a qu'une valeur «instrumentale», subordonnée et technique.» Siehe auch v. Metzler, aaO. S. 3 ff.

[4]) Vgl. die Note Litwinows an Estland vom 21. 2. 1921.

[5]) Korovin, aaO. S. 60.

Rechte haben kann, haben vor allen Dingen die sowjetrussischen Verhandlungen mit England gezeigt.

Die Ansicht, welche die kommunistische Propaganda im Ausland rechtfertigen will, beruht auf der russischen Theorie vom Wesen des Staates. Die Sowjetunion soll ein Staat sein, der ganz auf dem Prinzip der Klassendiktatur aufgebaut ist. Nach der Marxschen Lehre ist es immer eine Klasse, die herrscht. Der Staat repräsentiert diese Klasse, nicht im mindesten das ganze Volk. So kennt der Sowjetstaat, von dem Gedanken der Weltrevolution ausgehend, der Idee nach kein geschlossenes Staatsgebiet, und die Verfassung erklärt, »daß der Zutritt zur Union allen sozialistischen Sowjetrepubliken, die schon bestehen oder in Zukunft entstehen werden, offen stehe«, und ebenso wird die Freiheit des Austritts proklamiert [1]. Daß das letztere rein theoretisch ist, hat die Praxis gezeigt.

Aus denselben Gründen wird gewöhnlich die Rechtspersönlichkeit des Staates verneint [2]. Ein solches juristisches Schema zeige seine ganze Fehlerhaftigkeit, wenn es auf die Sowjetunion angewandt werde, einen Staat, in dem die Klassendiktatur herrsche [3]. Man könne ganz dieselben Wirkungen erreichen, ohne zu der metaphysischen Abstraktion der Persönlichkeit des Staates seine Zuflucht zu nehmen. Im Landesrecht wird infolgedessen nicht dem Staat selbst, sondern den einzelnen Behörden juristische Persönlichkeit zuerkannt. Es wird noch zu untersuchen sein, wieweit dies auch für die Handelsvertretungen gilt.

Besonders deutlich zeigt sich diese Auffassung vom Wesen des Staates in der Stellungnahme zu den Problemen der Identität des Staates und der Staatensukzession. In der russischen Doktrin wird allgemein verneint, daß die Sowjetunion eine Fortsetzung des Zarenstaates sei. Bisher war immer die Meinung vertreten worden, daß eine bloße Änderung der Verfassungsform in einem Staat ohne Einfluß auf seine Rechte und Pflichten sei, wenn nur der Bestand des Staates als Persönlichkeit des Völkerrechts erhalten bleibt. Es war weder nach der großen englischen noch nach der großen französischen

[1] Bundesverfassung, I. Teil, Erklärung über die Schaffung des Bundes.

[2] Hier ist eine gewisse Ähnlichkeit mit dem angelsächsischen Recht festzustellen, das ebenfalls keine Rechtspersönlichkeit des Staates im zivilrechtlichen Sinne kennt.

[3] Korovin, Sovremennoe meždunarodnoe publičnoe pravo (das moderne Völkerrecht), Moskau 1926, S. 23 und Meždunarodnoe pravo perechodnogo vremeni, S. 38 ff.

Revolution versucht worden, die von den früheren Regierungen geschlossenen Verträge abzustreifen. Was Rußland betrifft, so hatte man sich nur überlegt, ob nicht vielleicht dadurch, daß Rußland in verschiedene Staaten auseinanderfiel, eine Nachfolge nicht mehr bestände. Da aber die Sowjetunion den größten Teil des Gebiets des ehemaligen Zarenreiches umfaßt, war eine solche Auffassung allgemein zurückgewiesen worden [1]). Daß die Änderung der Regierungsform in Rußland nichts daran ändern könne, daß die Sowjetunion Nachfolger des Zarenreiches sei, hat ein amerikanisches Gericht in einem Rechtsstreit gegen den russischen Staat klar ausgesprochen [2]): »the suit did not abate by the change in the form of Government of Russia; the State is perpetual and survives the form of its Government«. Korowin [3]) erkennt zwar an, daß die Veränderung der politischen Formen innerhalb des Rahmens der gleichartigen Klassenherrschaft nicht zur Begründung für die Zerstörung der rechtlichen Nachfolge dienen könne; dagegen führe selbstverständlich der soziale Kataklysmus, der den politischen Fall der herrschenden Klasse nach sich ziehe, die entgegengesetzten politischen Folgen herbei. In solchen Fällen wird also die Nachfolge verneint.

Während die Rechtspersönlichkeit des Staates abgelehnt wird, wird die staatliche Souveränität stark hervorgehoben und in vollem Umfang in Anspruch genommen. Dies wird sich auch bei den für die Handelsvertretungen in Anspruch genommenen Rechten zeigen. Auch hier wird allerdings häufig nicht von der Souveränität des Staates, sondern von der Souveränität der Klasse gesprochen. »Der Sowjetbund fühlt sich berufen zur Rolle des Vorkämpfers der Doktrin der Souveränität der Klasse« [4]). Die Gründe für diese Einstellung sind, wie leicht verständlich, praktischer Natur [5]). Für den von kapitalistischen Mächten umschlossenen Sowjetstaat müsse jede Beschränkung der Souveränität — so wird erklärt — zu einem Sieg der kapitalistischen über die sozialistische Welt werden, und es wird

---

[1]) Baty hat allerdings bei Gelegenheit des Rechtsfalles USSR v. Onon diese These verfochten (Law Quarterly Review 1926 p. 7); ebenso v. Metzler, aaO. S. 13.

[2]) Lehigh Valley R. Co against State of Russia. 21 F (2d) 396. Certiorary denied 275 U. S. 571 (1927).

[3]) Korovin, Sovremennoe meždunarodnoe publičnoe pravo, S. 32.

[4]) Korovin, Sovremennoe meždunarodnoe publičnoe pravo, S. 42.

[5]) Mirkine-Guetzévitch, La doctrine soviétique du droit international, Revue générale de droit international public, 1925, S. 299.

offen zugegeben, daß nur praktische Gründe zur Verfechtung dieser These führen: »Il est aisé de comprendre que, identifiant la cause de la souveraineté avec celle de l'Etat soviétique, le Gouvernement de l'Union des républiques socialistes soviétiques ait été bien moins fasciné par le charme d'une thèse juridique, qu'influencé par les intérêts réels de la république socialiste. Aussi longtemps que cette dernière doit garder sa qualité d'oasis communiste englobée dans le »cercle impérialiste«, chaque limitation de la souveraineté soviétique serait une concession plus ou moins large aux principes politiques et économiques opposés et aux groupements sociaux dirigés par ces principes. D'un autre côté, la défense pratique de cette thèse est propre à faciliter le rapprochement continu entre l'Union soviétique et les peuples d'Asie et les colonies . . .« [1]).

Auf die Frage der Anerkennung braucht hier nicht näher eingegangen zu werden [2]). Sie war für Europa eine Zeitlang von Wichtigkeit und ist auch heute noch für die Vereinigten Staaten von Bedeutung, die den Rätestaat nicht anerkannt haben. Infolgedessen mußten sich die amerikanischen Gerichte mit der Frage auseinandersetzen, ob einem durch die Vereinigten Staaten nicht anerkannten Staat Immunität zu gewähren sei [3]). Der Unterschied zwischen der de facto- und der de jure-Anerkennung spielt bei den die Handelsvertretungen berührenden Fragen keine Rolle. Denn da die de facto-Anerkennung Rußlands durch die europäischen Mächte meist mit dem Abschluß eines vorläufigen Handelsabkommens zusammentraf, waren über die Handelsvertretungen Bestimmungen getroffen und die Grenzen ihrer Wirksamkeit festgelegt.

Aus der Anerkennung folgt, daß auf Grund der Normen des internationalen Privatrechts in gewissem Umfange auch sowjetrussisches Recht zur Anwendung kommen muß. Dies gilt unter Umständen auch für die von den Handelsvertretungen abgeschlossenen Verträge. Die Theorie, daß das sowjetrussische Recht vollkommen unanwendbar sei, kann nicht als richtig angesehen werden. Es bleibt natürlich im Einzelfall zu prüfen, ob z. B. in Deutschland der Art. 30 EG zum BGB Geltung hat, der die Anwendung eines ausländischen Gesetzes ausschließt, wenn sie gegen die guten Sitten oder den Zweck

---

[1]) Korovine, la République des Soviets et le droit international, Revue générale de droit international public, 1925, S. 299.

[2]) Vgl. hierzu v. Metzler, aaO. S. 11 ff.

[3]) Siehe S. 75 ff.

eines deutschen Gesetzes verstoßen würde. Dieselbe Ansicht wird in Frankreich vertreten [1]). Hier ist die Ausnahme dann zu machen, wenn die sowjetrussischen Gesetze dem französischen ordre public zuwiderlaufen. Ein arrêt der Cour de Paris vom 30. April 1926 [2]) erklärt die Anwendbarkeit russischer Gesetze: »le vingt huit octobre 1924 le Gouvernement français a notifié au Gouvernement de l'URSS, qu'il le reconnaissait de jure; cette reconnaissance oblige les tribunaux dans les questions d'Etat, à appliquer désormais à ceux qui sont demeurés citoyens des républiques socialistes soviétiques leur statut personnel tel qu'il a été défini par les lois soviétiques.«

---

[1]) Delehelle, Les conséquences juridiques de la reconnaissance du Gouvernement des Soviets par la France, Revue de droit international privé (Darras-Lapradelle) 1927, S. 202 ff. (vgl. die auf S. 203 zitierten Urteile).

[2]) Revue de droit international privé, 1927, p. 243; vgl. auch Petchorine, la Condition des Russes en France et celle des étrangers en URSS, Paris 1929, S. 57 ff.

Die Rechtsnatur der russischen Handelsvertretungen.

Wie sich aus dem Überblick über die den Handelsvertretungen zugewiesenen Funktionen ergeben hat, haben diese eine merkwürdige Doppelstellung. Sie sind gleichzeitig Handelsunternehmen und Staatsbehörde. Diese Tatsache macht bei Bestimmung der Rechtsnatur der Handelsvertretungen Schwierigkeiten. Es ist etwas wesentlich Neues, das mit ihnen in das Völkerrecht eintritt. Infolgedessen können weder die bisher bestehenden Normen des Völkerrechts noch die des nationalen Rechts ohne weiteres auf sie angewandt werden. Normen, die für die eine Seite ihrer Tätigkeit Geltung haben würden, können für die andere unanwendbar sein. Dies wird auch von russischer Seite betont: »Die früher unbekannte Doppelseitigkeit der Funktionen der Handelsvertretungen gibt nicht die Möglichkeit, ihre internationale Lage auf Grund des bestehenden Völkerrechts zu bestimmen« [1]).

Daß die »Nationalität« der Handelsvertretungen russisch ist, versteht sich von selbst, nachdem es sich um ein Außenorgan des sowjetrussischen Staates handelt. Das würde natürlich auch dann gelten, wenn ihnen eine besondere juristische Persönlichkeit zuzuerkennen wäre. Es wäre gar nicht nötig, auf diese Frage einzugehen, wenn nicht aus der Tatsache, daß beispielsweise im deutsch-russischen Vertrage bestimmt ist, daß die Handelsvertretung ihren Sitz in Berlin hat, der Schluß gezogen worden wäre, daß sie ein Unternehmen mit deutscher »Staatsangehörigkeit« sei [2]). Wenn auch nach deutschem Recht der Sitz über die Staatsangehörigkeit der Gesellschaft entscheidet, so sind doch die für die »Staatsangehörigkeit« privater Gesellschaften geltenden Normen auf die Handelsvertretung nicht anwendbar [3]). Sie bleibt ein staatliches Handelsunternehmen, selbst

---

1) Liszt-Grabar, Meždunarodnoe pravo (das Völkerrecht), Moskau 1926, S. 116.

2) Lieberich, die Russische Handelsvertretung in Deutschland; ihre Stellung im deutschen Recht. (Erlanger Diss.) München 1928, S. 18.

3) Ebenso für das französische Recht Petchorine, Condition des Russes

wenn sie in ihrer kommerziellen Tätigkeit weitgehend autonom ist. Vollends undenkbar ist es, sie einer anderen als der russischen Staatsangehörigkeit zu unterstellen, wenn man bedenkt, daß sie auch behördliche Funktionen hat. Man kann sich nicht über die behördenmäßige Seite der Handelsvertretungen einfach hinwegsetzen, indem man sie als eine juristisch beiläufige Funktion bezeichnet [1]). Außerdem wäre eine Exterritorialität der Handelsvertretungen ausgeschlossen. Kein Land würde für ein Unternehmen, das der Nationalität nach zu ihm gehört, auf einen Teil seiner Souveränität verzichten [2]).

Ist nun den russischen Handelsvertretungen eine besondere juristische Persönlichkeit zuzuerkennen? Diese Frage erscheint merkwürdig, nachdem es sich bei ihr um ein staatliches Organ handelt, muß aber bei der andersartigen Gestaltung des russischen Rechts doch untersucht werden. Es wurde schon darauf hingewiesen, daß die russische Rechtslehre dazu neigt, dem Staate die Rechtspersönlichkeit abzusprechen. Dies führt sie dazu, die einzelnen Behörden und Unternehmungen des Staates als besondere juristische Personen anzusehen. Denn bei dem ungeheuren Umfange der staatlichen Tätigkeit im Sowjetstaate muß die Möglichkeit gegeben sein, mit zivilrechtlichen Klagen gegen die staatlichen Behörden und Unternehmungen vorzugehen. Man sieht daher als Rechtssubjekte nicht mehr den Staat, sondern seine entsprechenden Organe an und stellt den Satz auf, daß die Komplizierung der Staatsaufgaben und die damit verbundene Differenzierung der Funktionen zu einer Spaltung der juristischen Figur

---

en France et celle des étrangers en URSS, Paris 1929, S. 150: «Bien entendu, les personnes morales de droit public qui, par une fiction d'exterritorialité, seraient censées se trouver en Russie, bien qu'elles aient effectivement leur siège en un autre pays, doivent néanmoins être considérées comme des personnes morales de droit soviétique.»

[1]) Lieberich, aaO. S. 57.

[2]) Zu welch merkwürdigen Folgerungen die Annahme führt, daß die Handelsvertretung ein Unternehmen deutscher Nationalität sei, zeigt Lieberich, S. 40 ff. Er sagt, daß irgend ein Abhängigkeitsverhältnis der Handelsvertretung dem russischen Staat gegenüber auf Grund einer Autorschaft oder einer übergeordneten Stellung von vornherein unmöglich sei, da ja die Handelsvertretung ein deutsches Unternehmen sei. Da nun aber der russische Staat für die Handelsvertretung doch eine recht wichtige Rolle spielt, macht er ihn zu einem Organ der Handelsvertretung, ähnlich wie eine Generalversammlung ein Organ der Aktiengesellschaft sei. Er kommt also zu einer vollständigen Umkehrung der tatsächlichen Sachlage, nach der die Handelsvertretung als ein Organ des Rätestaates erscheint.

des Staates in eine Reihe öffentlich-rechtlicher juristischer Personen als Träger der Machtbefugnisse führe [1]). So sagt z. B. das Reglement über die Mosvneschtorg (Moskauer Außenhandelsabteilung) vom 3. März 1924 in Ziffer 8 [2]): »Die Moskauer Außenhandelsabteilung hat alle Rechte einer juristischen Person.« Wie weitgehend auch Behörden als juristische Personen angesehen werden, beweist eine Entscheidung des Plenums des obersten Gerichts der UdSSR, die auf eine Entscheidung des Zivilkassationskollegiums vom 29. 4. 26 erging. Da öfters Zweifel über die Rechtspersönlichkeit einer Behörde entstanden waren, hat sich das Gericht dazu entschlossen, die juristische Persönlichkeit einer Behörde überall da vorauszusetzen, wo der Schein für dieselbe spricht [3]). Dieser Entscheidung folgten weitere,

---

1) Korezky, aaO. S. 760.

2) Sammlung der Dekrete über den Außenhandel, 1918—1924, Moskau 1924, S. 38.

3) Ostrecht 1926, 2, S. 1112:

In der Erwägung:

1. daß in unserer Gerichtspraxis die Frage nach den juristischen Personen (§§ 13—18 BGB) im allgemeinen und nach der Rechtsfähigkeit der Staatsunternehmungen im besonderen zu den am wenigsten erörterten gehört;
2. daß, wenn man die formellen Erfordernisse der §§ 13—18 BGB über die Registrierung juristischer Personen usw. in aller formellen Schärfe anwenden wollte, man zu einem erheblichen Teil jetzt schwebende Klagen abweisen müßte;
3. daß diese Unbestimmtheit des Rechts eine äußerst anomale Lage schafft, weil in den Prozessen häufig Personen als Parteien figurieren, hinsichtlich deren in dem gleichen Prozeß das Fehlen der juristischen Persönlichkeit betont wird;
4. daß ebenso das Gericht widerspruchsvoll das Recht einer gegebenen Behörde, Wechsel auszustellen, häufig ablehnt, häufig aber auch dieses Recht auf Erhalt einer bestimmten Ware auf Kredit aus einem anderen Vertrage zuerkennt;
5. daß bei dem Fehlen besonderer Gesetze und Vorschriften (§ 14) die Rechte der Staatsbehörden sich nach den allgemeinen Gesetzen bestimmen müssen und das Gericht nach Würdigung aller Umstände der Sache zu dem Ergebnis kommen muß, ob eine gegebene Staatsbehörde tatsächlich das Recht hat, einen vermögensrechtlichen Vertrag zu schließen oder nicht;
6. daß die Frage, ob eine Behörde auf dem Staatshaushalt steht, sich nur beziehen kann auf die Beitreibung, wobei die Zuerteilung irgend eines Betrages natürlich kein Recht auf dessen Befriedigung aus den Beträgen gewährt, die nach dem Haushalt für andere Notwendigkeiten bestimmt sind, daß es aber nicht den Lebensbedürfnissen entsprechen würde, wegen Fehlens einzig und allein eines Formerfordernisses, z. B. wegen Nichtregistrierung irgend einer Behörde als juristische Person,

die in demselben Sinn ergingen [1]). Sie waren nötig geworden, da die Rechtsprechung in der Frage der Rechtspersönlichkeit der Behörden voll von Widersprüchen war. Sie führten dazu, daß neben den juristischen Personen, die als solche formell registriert waren, die sogenannte faktische juristische Persönlichkeit anerkannt wurde. In der Kontroverse, ob man als Subjekt des Handelsrechts den Staat im ganzen oder seine entsprechenden Organe (stationes fisci) ansehen soll, entscheidet sich das russische Recht also für die letztere Lösung [2]).

Die Handelsvertretungen sind im russischen Recht nicht ausdrücklich als juristische Personen bezeichnet. Aber das Reglement über die Handelsvertretungen vom 11. 3. 1924 zählt für den kaufmännischen Teil folgende Rechte auf (Ziffer 9) [3]): »Den kommerziellen Abteilungen der Handelsvertretungen steht zur Erfüllung der ihnen obliegenden Aufgaben das Recht zu, jegliches bewegliche und unbewegliche Vermögen, das für die Handelsoperationen notwendig ist, zu erwerben, zu veräußern, zu verpfänden, zu verpachten, Kredit-, Bank-, Wechsel- und sonstige Operationen auszuführen, die mit dem Außenhandel verbunden sind, sowie vor Gericht zu klagen und verklagt zu werden.« Nachdem ihnen diese Rechte verliehen sind, würden sie zweifellos auf Grund der Rechtsprechung des Obersten Gerichts als juristische Personen anzusehen sein. Daß die Sowjetgesetzgebung die juristische Persönlichkeit der Handelsvertretung nicht ausdrücklich bestimmt hat, ist leicht erklärlich, denn sie war ja nicht dazu bestimmt, innerhalb des Gebiets der UdSSR aufzutreten [4]).

---

jegliches Recht derselben, eine Klage zu erheben, d. h. Kläger zu sein und jegliche Verantwortung zu tragen, abzulehnen;

7. daß im vorliegenden Prozeß eine Abteilung der Kommunalwirtschaft Partei ist, bei der der Name schon allein auf ihre wirtschaftlichen Funktionen hinweist;

8. daß das Zivilkassationskollegium bei der Ablehnung der Rechte einer juristischen Person sich ohne Grund auf die Verfassung und auf das Gesetz über die Gouvernementskongresse (GS 1922, Art. 907) stützt, indem keinerlei Verbot für die Abteilungen der Gouvernementsexekutivkomitees, juristische Person zu sein, enthalten ist.

[1]) Sverdlov und Tadevosjan, Das Zivilgesetzbuch der RSFSR in der gerichtlichen Praxis (Graždanskij Kodex RSFSR v sudebnoj praktike), Moskau 1929, S. 35 ff.

[2]) Korezky, aaO. S. 760.

[3]) Sammlung der Dekrete über den Außenhandel 1918—1924, Moskau 1924, S. 40 ff.

[4]) Auch in der Literatur wird die Ansicht vertreten, daß die HV als juristische Personen zu bezeichnen seien. Vgl. Korezky, aaO. S. 767; a. A. Rabinowitsch, Rechtsfragen des deutsch-russischen Handels, Berlin 1926, S. 7.

Es fragt sich nun, ob diese Norm des russischen Rechts auch in den anderen Länern anerkannt werden muß. Für ausländische juristische Personen gilt allgemein die Regel, daß die in ihrem Heimatstaat als solche anerkannten Rechtsgebilde auch im Ausland ohne weiteres die Rechte der juristischen Personen genießen [1]. Das würde nur dann nicht gelten, wenn die zwischen den beiden Ländern bestehenden Abkommen etwas anderes bestimmten oder besondere aus dem Recht des Aufenthaltslandes entspringende Gründe entgegenstehen würden, wie z. B. in romanischen Ländern der »ordre public« oder in Deutschland Art. 30 des Einführungsgesetzes zum BGB. Grundsätzlich aber muß die Frage, ob eine als juristische Person sich präsentierende öffentliche Körperschaft oder Anstalt selbständige Persönlichkeit besitzt, nach dem Recht des betreffenden ausländischen Staates entschieden werden [2]. Es scheint nun nach den verschiedenen in Betracht kommenden nationalen Rechtsordnungen kein Grund vorzuliegen, der gegen eine Anerkennung der juristischen Persönlichkeit der Handelsvertretungen spricht. Auch die Tatsache, daß ein Teil der Handelsvertretungen behördlichen Charakter hat, kann nicht als ein solcher Grund angesehen werden. Selbst wenn wir den russischen Staat als juristische Persönlichkeit ansehen, so spricht doch nichts dagegen, Rechtspersönlichkeit in Übereinstimmung mit dem Sowjetrecht auch den Handelsvertretungen zuzuerkennen. »Bei solcher Organisation muß anerkannt werden, daß als juristische Personen die Organe und Unternehmungen anzusehen sind, die den Außenhandel verwirklichen, unabhängig davon, ob wir den Staat im ganzen als juristische Person ansehen werden« [3].

In einigen Abkommen ist ausdrücklich festgelegt, daß die Handelsvertretung alle Rechte einer juristischen Person genieße. Das vorläufige Abkommen mit Norwegen vom 2. 9. 1921 gewährt in Art. 3 der Handelsdelegation das Recht einer juristischen Person mit allen hieraus hervorgehenden Folgen. Das vorläufige Abkommen mit Dänemark vom 23. 4. 1923 erklärt in Art. 3: »Die Delegationen genießen in jeder Hinsicht die Rechte einer juristischen Person.« Und der Vertrag mit der Tschechoslowakei vom 5. 6. 1922 sagt in Art. 11, daß die Regierung der RSFSR und ihre Organe, falls sie auf dem

---

[1]) Eine Ausnahme macht das Einführungsgesetz zum BGB für die Vereine.

[2]) Vgl. Mamelok, Die juristische Person im internationalen Privatrecht, Zürich 1900, S. 201.

[3]) Korezky, aaO. S. 762.

Gebiete der Tschechoslowakei Handelstätigkeit ausüben, als juristische Personen angesehen werden [1]). Art. 1 Absatz 2 des schwedisch-russischen Vertrages vom 8. 10. 1927 bestimmt: »Die Handelsdelegation genießt in Schweden die Rechte, die in Art. 2 Absatz 2 des am 15. 3. 1924 zwischen Schweden und der Union geschlossenen Handelsvertrages Vereinigungen (juristischen Personen) zuerkannt werden.«

Der deutsch-russische Vertrag sagt nichts über die Rechtspersönlichkeit der Handelsvertretung, enthält aber auch keine Bestimmungen, die gegen sie sprächen. Die Zuständigkeit und die Rechte der Handelsvertretung, so vor allem die Parteifähigkeit und das Recht der Beteiligung an anderen Gesellschaften, sprechen dafür [2]). Allerdings behauptet der sowjet-russische Kommentar zu dem deutsch-russischen Vertrag [3]), daß zwar aus dem Schlußprotokoll zu Art. 3 des Wirtschaftsabkommens, wonach die Handelsvertretung berechtigt sei, in Handelsgesellschaften und juristische Personen einzutreten oder sich an ihnen zu beteiligen, gefolgert werden könne, daß die Handelsvertretung von Deutschland als juristische Person anerkannt werde. Tatsächlich betrachte aber gerade die Gesetzgebung der UdSSR die Handelsvertretung nicht als eine juristische Person, sondern lediglich als ein Organ des Staates und infolgedessen finde niemals eine Beteiligung der Handelsvertretung als solcher an Handelsgesellschaften statt, sondern immer eine Beteiligung des Staates selbst, vertreten durch den Handelsvertreter. Aber wie wir sahen, ist diese Meinung keineswegs allgemein anerkannt, und sie dürfte auf Grund der neueren Rechtsprechung des Obersten Gerichts nicht zu halten sein. Auch wenn die Handelsvertretung als Organ des Staates angesehen wird,

---

[1]) Grotius, Die Wirtschaftsverträge der Sowjetunion seit Rapallo. Berlin 1924.

[2]) Lieberich, aaO. S. 25 ff., vertritt dieselbe Ansicht. Allerdings ist die zuletzt (s. 30 ff.) versuchte Beweisführung nicht stichhaltig. Er meint, daß die Handelsvertretung unter den Instituten des deutschen Handelsrechts am ehesten einer OHG zu vergleichen sei. Da nun die bei der OHG für die juristische Persönlichkeit anzuführenden Gründe auch bei der Handelsvertretung vorliegen, die bei der OHG dagegensprechenden Gründe aber bei der Handelsvertretung nicht vorhanden seien, müsse man den Schluß ziehen, daß dieselbe eine juristische Person sei. Die Ähnlichkeit mit der OHG wird aber nur behauptet, und es bleibt vollständig unklar, worin dieselbe bestehen soll. Der Vergleich mit jedem anderen Institut des Handelsrechts wäre ebenso möglich. Die Handelsvertretung als Verkörperung des russischen Außenhandelsmonopols mit ihrer merkwürdigen Doppelstellung entzieht sich eben den für bisher bestehende Institute gesetzten Normen.

[3]) Rappoport-Stein, aaO. S. 54.

braucht ihre Rechtspersönlichkeit nach russischem Recht nicht verneint zu werden.

Dasselbe dürfte auch nach französischem Recht gelten. Die Tatsache, daß hier ein Vertrag nicht abgeschlossen worden ist, kann nichts daran ändern. Es dürfte kaum anzunehmen sein, daß der »ordre public« dagegen spricht. Die französischen Gerichte haben sich über die Frage nicht ausgesprochen, sondern haben sie umgangen mit der Bemerkung, daß die Rechtsstellung der Handelsvertretung noch nicht festgelegt sei [1]). Es wird allerdings behauptet, daß die Anerkennung der juristischen Persönlichkeit der Handelsvertretungen für das französische Recht schwierig sei, weil das französische Recht keine juristischen Personen in der Art der Handelsvertretungen kenne [2]). Dieser Grund ist nicht anzuerkennen. Eine Lösung in der Richtung, wie sie Petchorine vorschlägt [3]), der die Handelsvertretungen als sociétés de fait ansehen will, scheint daher nicht nötig.

Mehrfach ist schon auf die Frage eingegangen worden, ob die Handelsvertretung, eine handeltreibende juristische Person, als Kaufmann anzusehen ist. Nach dem Sowjetrecht kann sie nicht gelöst werden. Da der Rätestaat den Handel in solchem Umfang an sich gezogen hat, hat er keine besondere Norm für Handeltreibende geschaffen. Das Sowjetrecht kennt keine besondere privatrechtliche Behandlung der Personen, die sich mit dem Handel als Gewerbe befassen, wie dies dem vorrevolutionären russischen Recht geläufig war. Von den Sowjetschriftstellern wird es auch allgemein abgelehnt, daß die Handelsvertretung als Kaufmann angesehen werden könne. Dies hängt zum Teil mit der weiten Ausdehnung des Souveränitätsbegriffs zusammen, zum Teil mit der Auffassung, daß die auf Grund des Außen-

---

[1]) Cour d'appel de Paris, 19 novembre 1926, Clunet 1927, p. 406: «... Mais considérant que la situation juridique de la représentation commerciale de l'URSS en France n'est pas encore nettement définie, que la question est soumise aux délibérations de la conférence franco-soviétique qui est actuellement réunie à Paris....» Urteil aufrecht erhalten: Cour de Cassation, 19 févr. 1929, Clunet 1929, p. 1043.

[2]) Petchorine, aaO. S. 158: «Le droit français ne connaît pas de personnes morales qui, tout en étant une émanation de la puissance publique, comme les représentations commerciales soviétiques, se livreraient à ces actes habituels de commerce comme des particuliers.»

[3]) Petchorine, aaO. S. 159: «Notre opinion personelle est que les représentations commerciales soviétiques doivent être considérées comme des sociétés de fait, en donnant à ces termes le sens qu'ils ont dans la jurisprudence.»

handelsmonopols vorgenommenen Operationen als staatliche Hoheitsakte anzusehen seien [1]). Wenn die Handelsvertretung Außenhandel treibe, so übe sie Hoheitsrechte aus, und als solche könne sie niemals Kaufmann sein. Da aber die Ausübung von Hoheitsrechten im fremden Land einer besonderen Erlaubnis bedarf und eine solche weder aus den Verträgen entnommen werden kann noch sich bereits aus der Anerkennung des Sowjetstaates, wie auf russischer Seite behauptet wird, herleiten läßt [2]), und da die Handelsvertretung für die im Aufenthaltslande vorgenommenen Handelsgeschäfte der Privatrechtsordnung des Aufenthaltslandes untersteht, wie dies auch in allen Verträgen festgelegt wurde, können die Geschäfte der Handelsvertretung nicht als Hoheitsakte anerkannt werden. Außerdem müßte man dann annehmen, daß die übrigen russischen staatlichen Unternehmungen, die im Ausland Handel treiben, dabei ebenfalls die Hoheitsgewalt des russischen Staates ausüben; und deren Kaufmannseigenschaft steht außer Zweifel, ja wird auch von den Sowjetschriftstellern behauptet.

Eine andere russische Ansicht [3]) geht von der Doppelstellung der Handelsvertretung aus. Es wird behauptet, daß die Handelsvertretung vorzugsweise die Bedeutung eines den Handel regulierenden Staatsorgans habe. Das Vorhandensein einer operativen Abteilung könne für die Qualifikation nicht bestimmend sein, da die Dynamik bei der Entwicklung der Handelsvertretung die stufenweise Umwandlung in ein lediglich regulierendes Organ zeige. Diese Vorhersage hat sich nicht bewahrheitet. Die Entwicklung der letzten Jahre hat eher den umgekehrten Verlauf gezeigt.

Da das Sowjetrecht Bestimmungen über die Kaufmannseigenschaft der Handelsvertretungen nicht enthält, diese aber für ihre kaufmännischen Operationen der Privatrechtsordnung des Aufenthaltslandes unterworfen sind, muß die Frage nach dem Landesrecht des Aufenthaltslandes entschieden werden. Auch hier zeigt sich wieder die in der Doppelstellung der Handelsvertretung liegende Schwierigkeit; doch ist es möglich, eine Trennung vorzunehmen. Es ist klar, daß die Handelsvertretung als regulierendes Organ nicht als Kaufmann angesehen werden kann. Dasselbe braucht aber nicht für den im Auslande weit stärker in die Erscheinung tretenden operativen Teil zu gelten.

---

[1]) Bulletin der Berliner Handelsvertretung 1925, Nr. 1, S. 10, Die Rechtslage der Handelsvertretung.

[2]) Vgl. unten S. 56 ff.

[3]) Korezky, aaO. S. 767.

Nach deutschem Recht wird auch der Staat als Kaufmann angesehen. Natürlich gilt dies nur insoweit, als die notwendigen Voraussetzungen vorhanden sind [1]). In diesem Sinn hat das Reichsgericht erklärt [2]): »Mit Recht nimmt das Berufungsgericht an, daß für den Begriff des Gewerbes eine auf Gewinn gerichtete Tätigkeit wesentlich sei, und daß der Gewinn nicht schon durch Ersparnisse allein, sondern durch das Endergebnis, daß die Einnahmen die Ausgaben übersteigen, gebildet werde. In diesem Sinne ist der Staat in Beziehung auf den Betrieb der dem allgemeinen Verkehre dienenden Eisenbahnen ein Gewerbetreibender, dagegen kein solcher in Beziehung auf den Betrieb einer lediglich militärischen Zwecken dienenden Eisenbahn.«

Was vom Staat und anderen öffentlichen Körperschaften gilt, dürfte auch auf die Handelsvertretung anwendbar sein. Der sowjetrussische Kommentar zum deutsch-russischen Vertrag [3]) wendet dagegen ein, daß auf die Handelsvertretung nur die §§ 373—382 des Handelsgesetzbuches anwendbar seien, die übrigen dagegen nicht. Daß diese Bestimmungen des Handelsgesetzbuches auf sie Anwendung finden, ergibt sich aus der zu Art. 7 des Wirtschaftsabkommens gehörenden Bestimmung des Schlußprotokolls [4]). Aus ihr könne man nicht auf die Kaufmannseigenschaft der Handelsvertretung schließen. Derselben Meinung ist Korezky [5]), der sagt, daß diese Norm von der operativen Tätigkeit der Handelsvertretungen spreche, die nach seiner Auffassung immer unwichtiger wird; außerdem werde die Handelsvertretung einer anderen rechtlichen Behandlung unterworfen als die

[1]) Vgl. Staub, HGB, 1926, Bd. I, § 1, Anm. 23: »Die Kaufmannseigenschaft ergreift nicht die Gesamtpersönlichkeit — abgesehen von juristischen Personen, die, wie die AG., kraft ihrer Rechtsform ganz Kaufleute sind —, sondern nur das Gebiet ihres kaufmännischen Betriebs. Sie ist nicht eine die ganze rechtliche Persönlichkeit durchdringende Standeseigenschaft, sondern eine dem Betriebe des Handelsgewerbes entspringende Folgerung; jenseits dieses Gebiets kommt sie nicht weiter in Betracht (so mit Recht Lehmann-Ring Nr. 32). Der Beamte, der Anwalt, der Staat können als Inhaber eines Bank- oder Fabrikgeschäfts Kaufleute sein, aber sie unterliegen dann außerhalb des Handelsgewerbebetriebs dem bürgerlichen Recht.«

[2]) RGZ, Bd. 37, S. 297.

[3]) Rappoport-Stein, aaO. S. 64.

[4]) »Für die Geschäftstätigkeit der Handelsvertretung sind insbesondere die entsprechenden Bestimmungen des deutschen Handelsgesetzbuches und der deutschen handelsgesetzlichen Nebengesetze maßgebend.« Wie sich aus dem Sitzungsprotokoll ergibt (vgl. amtliche Denkschrift) bezweckt diese Bestimmung vor allem klarzustellen, daß die Vorschriften über die Mängelrüge und die kaufmännischen Zinsen auf die Handelsvertretungen anwendbar sind.

[5]) Korezky, aaO. S. 768.

sonstigen Staatsunternehmungen. Beides ist richtig, spricht aber nicht gegen die Kaufmannseigenschaft der Handelsvertretungen. Denn das erstere versteht sich von selbst, das letztere ist notwendig, weil die Struktur der Handelsvertretung eine von den anderen Unternehmungen vollkommen verschiedene ist. Wenn gesagt wird [1], daß die Bestimmungen des Handelsgesetzbuches über Firma, Buchführung und Eintragung in das Handelsregister für die Handelsvertretung nicht gelten, und daß sie nicht den Vorschriften über die Handelsgesellschaften angepaßt sei, kann darauf erwidert werden, daß dieselben für juristische Personen des öffentlichen Rechts, insbesondere den Staat, auch nicht gelten. Gerade aus § 36 des HGB, der die Unternehmen des Reichs, eines Bundesstaates oder eines Kommunalverbandes von der Verpflichtung der Eintragung in das Handelsregister befreit, wird geschlossen, daß dieselben als Kaufleute bezeichnet werden können. Wie man den Staat nur insoweit, als er Handel treibt, als Kaufmann ansieht, ebenso kann man die Handelsvertretung, in demselben Umfang, als Kaufmann bezeichnen [2] [3].

Es sei noch kurz auf die Beurteilung dieser Frage nach französischem Recht eingegangen. Mit Frankreich ist kein Vertrag abgeschlossen, der darüber Bestimmungen enthalten könnte. Wenn wieder davon ausgegangen wird, in welcher Weise der Staat selbst behandelt wird, so ist darauf hinzuweisen, daß es jedenfalls in früherer Zeit allgemein zurückgewiesen wurde, den Staat als Kaufmann anzusehen [4]. Daß der Staat Handelsgeschäfte vornehmen könne, konnte aber nicht bestritten werden. Eine gewisse Modifikation scheint diese Ansicht nach dem Kriege durchgemacht zu haben. Es sei hingewiesen auf

---

1) Rappoport-Stein, aaO. S. 64.

2) Vgl. Freund, Das deutsch-russische Vertragswerk, Ostrecht, 1925, S. 385: »Die Handelsvertretung gilt als Kaufmann im Sinne des deutschen Handelsgesetzbuches, dessen Bestimmungen mit Ausnahme des Bilanzzwanges ausdrücklich für anwendbar erklärt sind, freilich als Kaufmann mit besonderen Vorrechten.«

3) Nach dem Schlußprotokoll zu Art. 11, Wirtschaftsabkommen des deutsch-russischen Vertragswerks, ist die Handelsvertretung insoweit ein »Wirtschaftsorgan«: »Der Begriff Wirtschaftsorgan im Sinne dieses Vertrages umfaßt handel- und gewerbetreibende physische Personen sowie Gesellschaften und juristische Personen jeder Art, einschließlich staatlicher Unternehmungen und auch Behörden, soweit diese Handel treiben.«

4) Lyon-Caen et Renault, Droit commercial, Tome I, p. 218: »Il semble impossible d'admettre que, quelques répétés que soient les actes de commerce faits par une personne juridique publique, elle puisse être traitée comme ayant la qualité de commerçant.«

zwei Entscheidungen, die wegen der »stocks américains« ergangen sind. In ihnen wird gesagt, daß die Normen des Handelsrechts auf den Staat Anwendung finden, wenn er in der Rolle des Kaufmanns auftrete [1]). Es scheint nun nichts dagegen zu sprechen, diese Regeln auf die Handelsvertretungen anzuwenden. Die französischen Gerichte haben sich nicht sehr klar über die Rechtsstellung der Handelsvertretungen ausgesprochen, da sie offenbar davon ausgingen, daß dieselbe erst vertraglich näher definiert werden müßte. In dieser Frage jedoch hat das Tribunal de commerce de la Seine ein Urteil gesprochen, das die Handelsvertretung den für Kaufleute geltenden Normen unterwirft. Die Handelsvertretung wurde verurteilt, ihre Eintragung in das Handelsregister zu verlangen [2]):

»Attendu qu'aux termes d'un circulaire de M. le Ministre du Commerce en date du 26 juin 1920, contenant les règles d'application des lois des 18 mars 1919 et 26 juin 1920, et d'un décret d'administration publique du 15 mars 1920, il ressort que lesdites lois s'appliquent »à tous ceux qui exercent des actes de commerce et en font leur profession habituelle;«

Qu'il faut entendre par actes de commerce ceux réputés tels par les articles 632 et 633 du Code de Commerce;

---

[1]) Cour d'Appel de Paris, La liquidation des stocks c./Achard 24 mai 1922. Cour d'Appel de Rennes, La liquidation des stocks c./Fleury et Ravaud, 4 mai 1923:

»Mais attendu qu'aux termes de l'art. 631 du code de commerce, les tribunaux de commerce connaissent des contestations relatives aux actes de commerce entre toutes personnes;

»Que d'autre part, l'article 633 du même code répute acte de commerce, tout achat de denrées et marchandises pour les revendre.

»Attendu que l'Etat français a acheté les stocks américains composés de denrées et de marchandises pour les revendre et se procurer un bénéfice et qu'il a, en fait, réalisé cette triple condition; qu'il est par suite justiciable du Tribunal de Commerce.

»Attendu que la nature des choses ne s'oppose nullement à ce que, dans certains cas où il ne s'agit pas de percevoir un impôt en exerçant par exemple un monopole, l'Etat puisse jouer le rôle de commerçant et puisse se voir appliquer les règles du droit commercial;

»Que si une telle conception pouvait jadis sembler choquante, et constituer comme le dit l'Etat, une hérésie juridique, la guerre en bouleversant le monde, est venue saper ces préjugés d'un autre âge, pour permettre une adaption nécessaire aux exigences de la vie moderne.«

[2]) In den Verträgen war die Handelsvertretung gewöhnlich von einer solchen Eintragung befreit worden; vgl. deutsch-russischer Vertrag, Wirtschaftsabkommen Art. 3, Absatz 2; lettisch-russischer Handelsvertrag Art. 5; estnisch-russischer Vertrag Art. 19, Absatz 2.

Qu'il n'est pas douteux au surplus, que dans l'intention du législateur, le terme commerçant doit être pris dans son sens le plus large et s'appliquer à tous ceux qui se livrent habituellement soit à l'achat soit à la vente des marchandises pour en tirer un bénéfice, soit à des opérations de courtage ou de commissions;

Attendu que l'immatriculation est obligatoire pour le commerçant étranger qui a en France, soit un établissement principal, soit une succursale ou une agence;

Attendu que la représentation commerciale en France reconnaît elle-même accomplir des actes répétés de commerce;

Que ses fréquentes demandes placées à notre barre corroborent ses affirmations à ce sujet;

Attendu enfin, qu'en admettant même a priori que la représentation commerciale en France de l'URSS ne puisse point fournir toutes les déclarations prévues à la loi, il n'en est pas moins patent, qu'il lui appartient de s'y soumettre dans les limites mêmes de la possibilité.« [1])

Nach der Rechtstellung, die das Sowjetrecht den Handelsvertretungen gibt, versteht es sich eigentlich von selbst, daß die Sowjetunion für die von ihnen abgeschlossenen Geschäfte haftet. Hierin liegt ein wesentlicher Unterschied zu sonstigen im Ausland tätigen staatlichen russischen Unternehmungen, bei denen die Haftung für die Handelsvertretungen besonders übernommen werden muß. Daß die Haftung in den Verträgen ausdrücklich bestimmt wurde, könnte damit erklärt werden, daß die Handelsvertretung als besondere juristische Person anzusehen ist. Der Grund liegt aber wohl mehr darin, daß die Rechtsnatur der Handelsvertretung noch sehr wenig deutlich war und die Doppelseitigkeit der Funktionen Schwierigkeiten bereiten konnte. Schon das Abkommen mit Deutschland vom 6. Mai 1921 bestimmt in Art. 12, daß die russische Regierung alle Rechtshandlungen der Handelsvertretungen als für sie verbindlich anerkenne. Ähnliche Bestimmungen kehren in den meisten Verträgen wieder, so z. B. im italienisch-russischen Vertrag Art. 3 Abs. 4, im deutsch-russischen Vertrag vom Oktober 1925, Wirtschaftsabkommen Art. 6, im Handelsvertrag mit Lettland Art. 5 Ziffer 6, mit Estland Art. 19 Absatz 1. Auch der letzte von der Sowjetunion abgeschlossene Vertrag, das

---

[1]) Zitiert nach Jéramec, aaO. S. 110.

provisorische Abkommen mit England vom 16. 4. 1930 enthält eine derartige Bestimmung in Art. 2 Ziffer 4. Solche Bestimmungen dürften kaum notwendig sein, wenn nicht infolge der vollkommenen Verschiedenheit der Rechtsauffassung und der Wirtschaftsordnung immer ein gewisses Mißtrauen gegenüber dem Sowjetstaat herrschte. Naturgemäß muß die Union für die Handlungen ihres im Auslande tätig werdenden Organs eintreten.

Die Exterritorialität der Handelsvertretungen.

In den Verhandlungen der verschiedenen Staaten mit der Sowjetunion über den Abschluß von Handelsverträgen war es immer die schwierigste, oft kaum zu lösende Frage, ob und inwieweit den Handelsvertretungen Exterritorialität zuzuerkennen sei. Die Sowjetregierung hat stets den Anspruch auf volle Exterritorialität ihrer Handelsvertretungen erhoben und hat den Standpunkt vertreten, daß auch in den Fällen, in denen eine vertragliche Regelung nicht erfolgt war, die Handelsvertretungen als exterritorial anzusehen seien, d. h. daß ihr Anspruch schon auf Grund des bestehenden Völkerrechts gerechtfertigt sei.

Dieser Standpunkt hängt zusammen mit der starken Betonung der Souveränität und der weiten Ausdehnung des Begriffs des hoheitsrechtlichen Aktes. Er wird folgendermaßen begründet: Es bestehe volle Analogie zwischen den diplomatischen und den Außenhandelsbeziehungen. Ein Unterschied zwischen behördlichen und kaufmännischen Funktionen sei bei der Handelsvertretung in dieser Beziehung nicht zu machen. Denn was nach russischem Staatsrecht als Außenhandelsmonopol anzusprechen sei, sei eine Betätigung der Souveränität und habe mit Privatrecht überhaupt nichts zu tun. Die weite Ausdehnung des Begriffs der Souveränität wird für das Außenhandelsmonopol mit dessen allumfassender Gestalt begründet. Darin liege der wesentliche Unterschied von der Monopolisierung einzelner Handelszweige, wie sie in kapitalistischen Staaten vorkomme. Die Handelsvertretung übe, ebenso wie die diplomatische Vertretung, hoheitsrechtliche Funktionen aus, es seien ihr daher dieselben Privilegien, dieselbe Unabhängigkeit zu gewähren. Auf die Einwendung, daß kein Staat auf dem Gebiet des anderen hoheitsrechtliche Funktionen ausüben dürfe, wird erwidert: Der Außenhandel ist Ausübung der Hoheitsrechte wie die Außenpolitik; beide müssen notwendig ins Ausland übertragen werden; dies kann nur geschehen im Wege derselben Ausnahme, d. h. die Tätigkeit der Organe des Außenhandels des Rätebundes, die Ausübung dieser Hoheitsrechte muß auf das

Gebiet der anderen Staaten übertragen werden. Wenn ein Staat Rußland de jure anerkenne, so erkenne er damit auch seine Verfassung an. Wenn er die Vertreter des Außenhandelsmonopols in seinem Gebiet zulasse, so habe er eben hieraus die Konsequenzen zu ziehen, die nach Völkerrecht für Funktionäre des ausländischen Souveräns gelten. Eine Stelle, welche legitimierte Vertreterin einer ausländischen Regierung in ihrer hoheitsrechtlichen Funktion sei, genieße eo ipso die völkerrechtlichen Privilegien [1]).

Es werden aber noch andere Gründe angeführt. Schon nach dem Dekret des AZEK und RVK vom 16. 10. 1922 [2]) ist die Handelsvertretung ein unbedingt wesentlicher Bestandteil der entsprechenden bevollmächtigten Vertretung der RSFSR. Noch deutlicher ist das Reglement über das Außenhandelskommissariat vom 12. 11. 1923 (Art. 23): »Die Handelsvertretungen erscheinen als Organe des Kommissariats für Außenhandel, bilden gleichzeitig einen Teil der bevollmächtigten Vertretung der UdSSR außerhalb der Grenzen und gehören zum Bestand der letzteren.« [3]) Die Handelsvertretung wird also als Glied der diplomatischen Vertretung angesehen und daraus die Erstreckung der diplomatischen Privilegien auf dieselbe gefolgert [4]). Es ist daher von der Sowjetregierung immer der Versuch gemacht worden, die Handelsvertretung in den Verträgen als Teil oder als Glied der Botschaft bzw. der Gesandtschaft zu bezeichnen.

Als letztes werden schließlich noch praktische Gründe angegeben; denn überall geht, wie Korowin sagt, durch das Sowjetrecht als roter Faden der Begriff des rein instrumentalen Wertes aller diplomatischen Privilegien ohne Ausnahme [5]). Es sei der Zweck der Exterritorialität, den diplomatischen Agenten die Möglichkeit zu geben, unabhängig ihre Funktionen auszuüben. Ebenso müsse der Handelsvertretung für ihre Tätigkeit die notwendige Unabhängigkeit gewährt werden. Aus diesem Grunde verlangte Krassin am 6. 5. 1924 in einer Rede auf dem Parteitage die Unantastbarkeit des Zentralen Handelsapparats, wie er die Berliner Handelsvertretung nannte. Besonders

---

[1]) Vgl. Dr. H., Die Exterritorialität der HV im Bulletin der Berliner HV 1924 Nr. 4/5, S. 19 ff.; Dr. Al., Die Rechtslage der HV im Bulletin der HV 1925, Nr. 1, S. 9ff.

[2]) Sammlung des Dekrets über den Außenhandel 1918—1924, Moskau 1924, S. 13.

[3]) Ebendort S. 20ff.

[4]) Vgl. Korovin, Sovremennoe meždunarodroe publičnoe pravo S. 86.

[5]) Ebenda S. 88, ähnlich Liszt-Grabar, aaO. S. 116.

gern wird auf die Wichtigkeit der in den Handelsvertretungen befindlichen Papiere hingewiesen. »Wenn die Sowjetregierung ... die Exterritorialität für die Gebäude der Handelsvertretung fordert, so geschieht dies nicht ohne hinreichenden Grund. Der Handelsvertreter ist Vertreter des ganzen Staates. Bei ihm befinden sich die Handels- und sonstigen Wirtschaftspläne des ganzen Staates, die ebenso vertraulich sind wie diplomatische Dokumente. Die Sowjetregierung kann sich daher unter keinen Umständen damit einverstanden erklären, daß für ihre staatlichen Wirtschaftspläne nicht völlige Unantastbarkeit garantiert werde.«[1])

Kann nun mit diesen Gründen der Anspruch auf die Exterritorialität der Handelsvertretungen nach geltendem Recht verlangt werden, ohne daß ein vertragliches Zugeständnis notwendig ist? Sieht man von den anderen hier nicht in Betracht kommenden Fällen, in denen der Begriff der Exterritorialität gebraucht, und von den Fällen ab, in denen Exterritorialität auf Grund besonderer vertraglicher Abmachungen gewährt wird, so steht sie den diplomatischen Agenten mit Familie und Gefolge, ihrer Wohnung und ihren Papieren in dem Staat, in dem sie akkreditiert sind, zu. Sie beruht hier auf einem gewohnheitsrechtlichen Satz des Völkerrechts. Sie wurde früher mit der Fiktion erklärt, der Gesandte befinde sich extra territorium, nicht im Gebiet seines Aufenthaltslandes, sondern sei so anzusehen, als hätte er sein Heimatland nie verlassen. Diese Theorie ist heute größtenteils verlassen [2]). Auch das Sowjetrecht hat sich von ihr abgewandt, wie dies bei seinem pragmatischen Charakter leicht verständlich ist: »Sans appliquer des fictions surannées (p. ex. la fiction de l'exterritorialité) le droit diplomatique des soviets préfère le système énumératif des privilèges diplomatiques.« [3])

---

[1]) Hanezky, Die Handelsvertragspolitik der UdSSR im Bulletin der Berliner HV 1927 Nr. 21/22, S. 42, ähnlich Lehnhoff, Der deutsch-russische Konflikt, Berlin 1924, S. 23.

[2]) Vgl. van Praag, Juridiction et droit international public, La Haye, 1925, S. 179: »La fiction d'exterritorialité n'est pas encore complètement abandonnée. Mais de plus en plus elle est repoussée par les meilleurs auteurs et actuellement aussi pour les navires de guerre.« W. E. Hall, A treatise in international law, hrsgb. von Pearce Higgins, 1924, S. 218: »Exterritoriality has been transformed from a metaphor into a legal fact.« Despagnet, Cours de droit international public 1899, S. 290: »La fiction d'exterritorialité ne peut être qu'une expliquation et non une justification de la règle admise.« Heyking, L'exterritorialité, Paris 1926, S. 35: »L'exterritorialité n'est pas une fiction mais un principe de droit.«

[3]) Korovine, La république des soviets et le droit international, in Revue

Die Exterritorialität wird auch manchmal damit erklärt, daß der Gesandte als Vertreter des fremden Staates dessen Souveränität verkörpere und daß er deshalb nach dem Schlagwort »par in parem non habet potestatem« nicht der Staatsgewalt des Aufenthaltslandes unterliegen könne. Das könnte aber jedenfalls nur vom Chef der Mission gelten [1]). Im übrigen ist es sehr zweifelhaft, ob man überhaupt in diesem Sinn von einer Verkörperung der Souveränität sprechen kann [2]). Die richtige Ansicht dürfte diejenige sein, welche die Exterritorialität einfach mit praktischen Erwägungen begründet, sie aus ihrem Zweck erklärt. Das Prinzip des ne impediatur legatio wird auch in der Literatur als Begründung für die Exterritorialität angegeben [3]).

Die Rechte, die unter dem Begriff der Exterritorialität zusammengefaßt werden, sind sehr verschiedenartige. Schon aus diesem Grunde wird es schwer möglich sein, die Exterritorialität auf eine allgemeinere Norm zurückzuführen. Es handelt sich um eine im Laufe der Zeit entwickelte Norm des Gewohnheitsrechts, die bestimmte Privilegien gewährt. Eine Vermehrung der Privilegien oder Ausdehnung auf andere Fälle kann daher, abgesehen von Vertragsabmachungen, nur dann beansprucht werden, wenn sich die Bildung neuen Gewohnheitsrechts in dieser Richtung nachweisen läßt. Auch für eine Erweiterung der Exterritorialität können nur praktische Gründe den Maßstab abgeben. Man wird aber sagen müssen, daß vom Zweck her gesehen eher eine einschränkende Auslegung der gewohnheitsrechtlichen Norm zu verlangen ist [4]). Eine ähnliche Stellung nimmt das Sowjetrecht ein. Es begrenzt die Exterritorialität, indem es die einzelnen Privilegien aufzählt. »En résumé nous pouvons caractériser les tendances principales du droit diplomatique des Soviets comme limitatives d'un côté et comme essentiellement instrumentales (pragmatiques) de l'autre.« [5])

---

de droit international public, 1925, S. 308, ähnlich Korovin, Sovremennoe meždunarodnoe publičnoe pravo, S. 88, und Liszt-Grabar, aaO. S. 116.

[1]) Vgl. van Praag, aaO. S. 207ff.

[2]) Vgl. von Bar, Theorie und Praxis des internat. Privatrechts, Hannover 1889, Bd. II S. 656.

[3]) Siehe u. a. Heyking, aaO. S. 45; Strisower, Exterritorialität, im österreichischen Staatswörterbuch, Bd. I, 1904—1909, S. 893; Böger, Die Immunität der Staatsschiffe, Kiel 1928, S. 34; Hall, aaO. S. 219.

[4]) Vgl. Hall, aaO. S. 228: »Custom is thus apparently nearly all one way; but the accepted practice is an arbitrary one conceding immunities, which are not necessary to the due fulfilments of a diplomatic agent.«

[5]) Korovine in der Revue générale de droit international public, 1925, S. 308.

Eine Gewährung von Exterritorialität an andere Personengruppen als an diplomatische Missionen ist häufig durch Vertrag bedungen worden. So wurden gewissen Kommissionen Exterritorialitätsrechte eingeräumt. Beispielsweise bestimmte der Berliner Vertrag, daß die europäische Donaukommission ihre Mission in vollständiger Unabhängigkeit von der Territorialgewalt ausüben solle, und die Akte des Kongokongresses in Berlin vom 18. 2. 1885 gab den Mitgliedern der internationalen Kommission das Privileg der Unverletzlichkeit. In diesem Zusammenhange wäre auch auf den Völkerbund und auf den Haager Internationalen Gerichtshof zu verweisen. In allen diesen Fällen handelt es sich aber um Spezialbestimmungen. Sie sind auch viel zu verschiedenartig, als daß sich aus ihnen Gewohnheitsrecht entwickeln könnte.

Da sich also die Exterritorialität der Handelsvertretungen nicht auf eine allgemeinere Norm zurückführen läßt und eine besondere Norm für sie noch nicht vorhanden sein kann, ist der Standpunkt der Sowjetregierung, den Handelsvertretungen sei ohne weiteres Exterritorialität zuzubilligen, nicht zu halten. Denn die gewohnheitsrechtliche Norm, die diplomatischen Missionen Exterritorialität gewährt, kann nicht ohne weiteres auf die Handelsvertretungen ausgedehnt werden [1]). Wenn auch schon in einer größeren Anzahl von Verträgen der Handelsvertretung in gewissem Umfange Exterritorialität zugestanden wurde, so konnte sich doch hieraus noch kein Gewohnheitsrecht entwickeln. Die Gründe, die von russischer Seite angeführt werden, müssen zurückgewiesen werden.

Selbst wenn es richtig wäre, daß die Ausübung des Außenhandels und des Monopols eine Ausübung öffentlicher Gewalt darstelle, so wäre damit noch nicht gesagt, daß den Handelsvertretungen auf Grund des bestehenden Rechts Exterritorialität zuerkannt werden müsse. Denn es besteht kein Satz, wonach eine Person, die auf fremdem Gebiet Staatshoheitsakte vornimmt, exterritorial sein muß. Selbst wenn eine Analogie zwischen der Tätigkeit des Gesandten und der der Handelsvertretung bestünde, so wäre doch eine Ausdehnung der für die diplomatischen Missionen gewohnheitsrechtlich geltenden Regeln auf die Handelsvertretungen kraft Analogie unzulässig. Aber auch die Behauptung, daß die Geschäfte der Handelsvertretung als Staatshoheitsakte anzusehen seien, kann nicht als richtig anerkannt

[1]) Ebenso v. Metzler, aaO. S. 66.

werden [1]). Nur soweit die Handelsvertretungen behördliche Funktionen haben, d. h. soweit sie den Außenhandel der UdSSR regulieren, kann man von einer Ausübung öffentlicher Gewalt reden. Wenn auch grundsätzlich die Einteilung in Staatshoheitsakte und privatrechtliche Akte auf Grund des Landesrechts des betreffenden Staates vorzunehmen ist, so können doch in den zwischenstaatlichen Beziehungen entgegenstehende Normen eine andere Einteilung fordern.

Staatshoheitsakte können innerhalb eines fremden Gebietes nur kraft besonderer Erlaubnis vorgenommen werden, wie sie z. B. bei den Gesandten durch lange Übung gegeben ist. Selbstverständlich besteht eine derartige Übung gegenüber den Handelsvertretungen nicht. Es müßte also im Einzelfalle eine besondere Erlaubnis erteilt sein. Das gilt nun gegenüber den Ländern, mit denen kein Vertrag abgeschlossen wurde, sicher nicht [2]). Die Handelsvertretung macht ihre Geschäfte im Herrschaftsgebiete der fremden Privatrechtsordnung, und wenn man keine Norm findet, die sie dieser entzieht, haben die fremden Normen für sie Geltung.

Dasselbe muß aber auch in den Fällen gelten, in denen Verträge abgeschlossen wurden. Man könnte zwar behaupten, daß die Tatsache, daß die Handelsvertretung ausdrücklich zugelassen und ihr die Vornahme der Außenhandelsoperationen gestattet wurde, die Anerkennung des hoheitsrechtlichen Charakters dieser Operationen in sich schließe. Es ist aber mit Bestimmtheit anzunehmen, daß dies nicht der Wille des mit der Sowjetunion abschließenden Vertragsteiles war und daß die Sowjetregierung sich hierüber im klaren war. Kein Staat wird anerkennen, daß die Handelsvertretung auch da, wo sie einfach Handel treibt, Funktionen öffentlicher Gewalt ausübt. Dabei ist darauf hinzuweisen, daß die Rechtshandlungen der Handelsvertretung in den meisten Verträgen den Gesetzen und auch der Gerichtsbarkeit des Aufenthaltslandes ausdrücklich unterworfen wurden. Dies bedeutet, daß für sie die Privatrechtsordnung des Aufenthaltslandes gilt. Im übrigen wäre es sehr merkwürdig, wenn Zivilgerichte eines Staates

[1]) a. A. Linker, Der Umfang der Exterritorialität mit besonderer Berücksichtigung der sowjetrussischen Handelsvertretungen. Würzburger Dissertation. Würzburg 1929, S. 51.

[2]) Vgl. Cour d'Appel de Paris 19. Nov. 1926. Clunet 1927, S. 406: »Jusqu' à ce qu'il en ait été décidé autrement par un accord diplomatique, les manifestations d'une activité commerciale qui s'exerce dans tous les domaines ne peuvent apparaître que comme des actes de commerce auxquels le principe de la souveraineté de l'Etat demeure complètement étranger. . . .«

über Staatshoheitsakte eines anderen Staates Recht sprechen könnten. Hieran kann auch die umfassende Gestalt des Außenhandelsmonopols nichts ändern. Es ist zuzugeben, daß staatliche Handelsunternehmen im Auslande bisher meistens nicht der Gerichtsbarkeit unterworfen waren. Aber gerade auf dieses Recht hat ja die Sowjetregierung meistens verzichtet und andere Vorrechte haben die Staaten für ihre ausländischen Handelsunternehmungen bisher nie in Anspruch genommen.

Am ehesten könnte der russische Anspruch für den behördlichen Teil der Handelsvertretung anerkannt werden. Aber auch hier wäre eine besondere vertragliche Norm notwendig. Außerdem dürfte es sehr oft schwer sein, eine Trennung zwischen dem regulierenden und operativen Teil der Handelsvertretung vorzunehmen. Den Russen wäre vermutlich auch wenig mit der Exterritorialität nur des behördlichen Teils gedient. Denn der Umsatz der russischen Unternehmen, die im Auslande tätig sind, ist im Verhältnis zu dem von den Handelsvertretungen erzielten Umsatz sehr gering. Die Bedeutung der Handelsvertretungen liegt weit mehr in ihrem operativen als in ihrem regulierenden Teil. Wahrscheinlich wäre es möglich, die behördlichen Funktionen auch vom Inlande aus vorzunehmen und eine Auslandsvertretung allein zu diesem Zwecke gar nicht vonnöten.

Nach dem Sowjetrecht gilt die Handelsvertretung als integrierender Bestandteil der bevollmächtigten Vertretung. Die Sowjetregierung sucht diesen Standpunkt den anderen Ländern gegenüber durchzusetzen. Auch hier wird davon ausgegangen, daß die Durchführung des Außenhandelsmonopols eine Betätigung der Souveränität darstelle. Für die besonderen neuartigen staatlichen Funktionen versehe man die ausländischen Vertretungen mit einem neuen Teile, der ebenso wie die übrige Vertretung zu behandeln sei. Diese Behauptung wäre nur dann richtig, wenn es möglich wäre, ohne weiteres diplomatische Vertretungen beliebig zu erweitern und sie mit Aufgaben zu versehen, die nach geltendem Völkerrecht jedenfalls nicht zu den Funktionen der diplomatischen Vertretungen gehören, und dies von dem Aufenthaltslande anerkannt werden müßte. Zweifellos ist eine solche Erweiterung nach bestehendem Völkerrecht nicht zulässig und müßte durch eine besondere vertragliche Norm zugestanden werden. Dies würde selbst dann gelten, wenn die Außenhandelsoperationen als Akte öffentlicher Gewalt anzusehen wären. Denn es steht außer Frage, daß Gesandtschaften nicht geschaffen sind, um

Außenhandelsoperationen auf dem fremden Markt vorzunehmen. Dasselbe muß auch von dem behördlichen Teile der Handelsvertretung gelten, wenn er auch eher als Teil der diplomatischen Vertretung anerkannt werden könnte. Es wurde schon vergleichsweise an die starke Anschwellung der diplomatischen Vertretungen im Kriege erinnert, als die Gesandtschaften in den neutralen Ländern immer größeren Umfang annahmen durch die Entsendung von Handelsattachés, staatlichen Geschäftsvertretern usw., auf welche alle sich die Exterritorialität erstreckte. Da es sich im Kriege mehr um eine Regulierung als um die selbständige Durchführung des Außenhandels handelte, so liegt hier am ehesten eine Vergleichsmöglichkeit mit der Regulierungsabteilung der Handelsvertretung vor. Aber es ist dabei zu bedenken, daß es sich um eine vorübergehende Kriegsmaßnahme handelte, gegen die sich die Neutralen schwer wehren konnten.

Noch eine andere Frage mehr praktischer Natur ist hier zu berühren. Wird die Handelsvertretung als Glied der diplomatischen Vertretungen anerkannt, so müssen folgerichtig dieselben Rechte, die für die diplomatische Vertretung gelten, für die ganze Handelsvertretung gelten. Dies würde bei der großen Anzahl von Personen, die in der Handelsvertretung tätig sind — größtenteils einfach als kaufmännische Angestellte eines Großhandelsunternehmens — zu einer Ausdehnung der diplomatischen Vorrechte auf einen viel zu großen Personenkreis führen. Das kann von den westlichen Mächten nicht zugegeben werden, würde auch die Gefahr der Nichtbeachtung der völkerrechtlichen Vorschriften nur steigern. Dieser Tatbestand wird sogar auf russischer Seite berücksichtigt: »Aber der bedeutende zahlenmäßige Bestand der Handelsvertretung, die die Züge eines Staatsorgans verbindet mit denen eines Unternehmens, erfordert Korrekturen an der Exterritorialität der Handelsvertretung.« [1]) Es wurde aus diesen Gründen in den Verträgen teilweise der Mittelweg beschritten, zwar nicht die Handelsvertretung als Bestandteil der diplomatischen Vertretung anzuerkennen, aber den Handelsvertreter und die Mitglieder des Rats als Mitglieder der diplomatischen Mission.

Wenn die Russen sich auf praktische Gründe berufen, um die Exterritorialität der Handelsvertretungen zu rechtfertigen, so können diese Gründe nicht anerkannt werden. Gerade dann, wenn an die Exterritorialität nur der Maßstab praktischer Notwendigkeit angelegt

---

[1]) Korezky, aaO. S. 765.

wird, ist eine Beschränkung derselben möglich. Die Russen behaupten, ohne die Exterritorialität nicht auskommen zu können: »le représentant du commerce soviétique, agent autorisé de l'Etat marchand, directeur d'un appareil suffisant administratif et commercial, a besoin de garanties spéciales« [1]). Zweifellos ist aber die Exterritorialität für die Tätigkeit der Handelsvertretungen nicht notwendig. Ihre Notwendigkeit wird auch in der Literatur mehr oder minder entschieden verneint [2]). Der Handel sowohl der In- wie der Ausländer ist in den abendländischen Staaten durch so viel Rechtsgarantien geschützt, daß diese auch für die russische Handelsvertretung genügen sollten. Wenn die Handelsvertretung sich auf die Akte beschränkt, zu denen sie geschaffen ist, wird es niemand einfallen, in ihren Wirkungskreis einzugreifen. Sie kann ebenso ruhig und ungestört ihre Geschäfte abwickeln wie jedes andere Großhandelsunternehmen. Bei gespannten politischen Verhältnissen gegenüber einem handeltreibenden Staate wird ein ausgedehnter Handel mit ihm auf die Dauer überhaupt nicht möglich sein. Daran kann auch die Exterritorialität der Handelsvertretung nichts ändern. Sobald im Rätestaat die auf die Weltrevolution zielende Tendenz gegenüber den auf eine ruhige Entwicklung des Landes gerichteten Kräften die stärkere wird, werden sich dem Handel immer neue Schwierigkeiten in den Weg stellen.

Die Russen verweisen gern darauf, daß die Unantastbarkeit ihrer Wirtschaftspläne unbedingt garantiert sein müsse. Man könnte diese als Geschäftsgeheimnisse bezeichnen, die eben nur für ein ungeheuer großes Unternehmen gelten. Die Geschäftsgeheimnisse sonstiger Unternehmen werden auch geschützt. Der ungehinderte Verkehr, auch in Chiffern, mit den heimatlichen Behörden ist immer

---

[1]) Korovine, Revue générale de droit international public, aaO. S. 309.

[2]) Cleinow, Die deutsch-russischen Rechts- u. Wirtschaftsverträge, Berlin 1926, S. 340: «Weder die Tätigkeit der Handelsvertretung als Kontrollbehörde noch als Wirtschaftsorgan rechtfertigen den Anspruch der Sowjetregierung auf deren Exterritorialität.» — Heyking, L'exterritorialité, Paris 1926, p. 120: «Il est cependant assez clair que l'Etat n'a nullement besoin de l'exterritorialité pour faire du commerce en Allemagne. Il serait donc désirable que les Etats qui admettent des agences commerciales soviétiques, adoptent une même règle de conduite, pour écarter les prétentions néfastes de l'Etat Soviétique à l'exterritorialité des agences commerciales.» — A. Rappoport, Die Aufhebung der Fremdenvorrechte im Osten und die diplomatischen Prärogative der russischen Handelsdelegationen im Westen, in «Europäische Gespräche» 1927, Nr. 8/9, S. 457, meint, daß die konsularische Stellung für die Handelsvertretung vollkommen genügen würde.

ohne weiteres zugestanden worden. Und wird die Gefahr für besonders groß angesehen, so könnten diese wichtigen Dokumente in der diplomatischen Vertretung aufbewahrt werden; der diplomatische Vertreter hat seit einiger Zeit ja auch ein Kontrollrecht gegenüber der Handelsvertretung [1]).

Noch ein weiteres Argument könnte gegen die Exterritorialität der Handelsvertretung gebraucht werden. Für die Exterritorialität galt bisher gewöhnlich die Gegenseitigkeit. Diese ist bei den Handelsvertretungen des Russischen Staates naturgemäß gar nicht möglich. Wenn auch von russischer Seite eingewandt werden könnte, daß man sich hierauf nicht berufen dürfe, nachdem die Gegenseitigkeit bei der Verschiedenheit der Wirtschaftsordnungen gar nicht durchzuführen sei, so wird diese Tatsache doch die mit der Sowjetunion abschließenden Mächte daran hindern, den Handelsvertretungen allzu weitgehende Exterritorialitätsrechte einzuräumen. Bisher gab es nur eine Art der Exterritorialität, die nicht auf Gegenseitigkeit beruhte. Sie galt in den Staaten, die nicht als gleichberechtigt und in denen die Rechtsgarantien für die Angehörigen der zivilisierten Nationen als nicht genügend angesehen wurden. In diesen Staaten galt das Régime der Konsulargerichtsbarkeit und der Kapitulationen. Auf diese Vorrechte haben die abendländischen Nationen in den letzten Jahren mehr und mehr verzichtet. Ganz im Gegensatz dazu werden Sowjetrußland solche besonderen Vorrechte auch im Orient eingeräumt. »Die abendländischen Nationen müssen ihrer Bevorrechtung durch die Kapitulationen verlustig gehen, während Rußland dort zu seinen ausschließlichen Gunsten ein neues System der Bevorrechtung errichtet, dessen Tragweite erheblich über die alten Kapitulationen hinausgeht.« [2])

Die Folge des rechtlichen Zustands, der sich so ergab, war, daß man sich bei den verschiedenen vertraglichen Regelungen auf ein Kompromiß einigte. Da die Sowjetregierung einen Anspruch auf Exterritorialität der Handelsvertretungen zu haben und auf sie nicht verzichten zu können glaubte, und da andererseits die mit der Union abschließenden Mächte diesen Anspruch nicht anerkannten und den

---

[1]) Verordnung des ZEK und RVK im Bulletin der Handelsvertretung 1927, Nr. 11, S. 56, nach der der bevollmächtigte Vertreter über sämtliche staatlichen Institutionen, Unternehmungen und Amtsvertreter der UdSSR und der Bundesrepubliken im Lande seines Aufenthaltes die Kontrolle ausübt.

[2]) A. Rappoport, aaO. S. 459.

Handelsvertretungen volle Exterritorialität zuzubilligen nicht gewillt waren, wurde ein Mittelweg beschritten, durch den einem mehr oder minder großen Teil der Handelsvertretungen und ihrer Räume Exterritorialität gewährt wurde. Zwischen den einzelnen Abteilungen einen Unterschied zu machen, erwies sich als nicht möglich. Daß sich auf Grund dieser verschiedenen Verträge ein Gewohnheitsrecht zu bilden im Begriff sei, kann man nicht behaupten. Selbst wenn die anderen Voraussetzungen hierfür zuträfen, ist die Regelung in den verschiedenen Verträgen viel zu wenig einheitlich. Dies zeigt sich bei einer Gegenüberstellung der in den letzten Jahren abgeschlossenen Verträge, die genauere Bestimmungen bringen.

Der italienisch-russische Vertrag vom 7. 11. 1924 bestimmt in Art. 3, Absatz 2 [1]): »Le représentant commercial et les membres du conseil de la représentation commerciale dans le nombre à fixer d'après un accord entre les parties contractantes, formeront une partie intégrante de la représentation plénipotentiaire et jouiront de l'inviolabilité personnelle, de l'extraterritorialité de leurs bureaux et des autres privilèges et immunités accordés aux membres des missions diplomatiques.« Es wird also nicht allen Mitgliedern der Handelsvertretungen die Exterritorialität bewilligt, dafür werden aber der Handelsvertreter und die Mitglieder des Rats der Handelsvertretung ausdrücklich als Mitglieder der diplomatischen Mission anerkannt. Ähnlich wie im italienischen Vertrag ist die Regelung in dem nicht ratifizierten englisch-russischen Vertrag. Der Handelsvertreter und die Mitglieder des Rats werden als Mitglieder der Botschaft bezeichnet, und genießen daher die entsprechenden Vorrechte. Dann wird von der Exterritorialität der Amtsräume in der Botschaft gesprochen. Es handelt sich um eine Fiktion, denn es heißt weiter: »Zu diesem Zweck sollen die bestehenden Räume der Handelsdelegation und solche andere Räume, die den Gegenstand einer späteren Vereinbarung bilden, Teil der Botschaft bilden« [2]). Das schwedische Handelsabkommen vom 15. 3. 1924 enthält keine Bestimmung über eine Handelsvertretung. Ihre Rechtstellung ist erst durch einen Vertrag vom 8. 10. 1927 [3]) festgelegt worden. Art. 2, Absatz 2 bestimmt: »Der Handelsdelegat und sein Stellvertreter sollen dem diplomatischen Personal

---

[1]) Raccolta Ufficiale 1924, Nr. 342.

[2]) Grotius, aaO. S. 71.

[3]) Zeitschrift für ausländisches öffentliches Recht und Völkerrecht, Bd. I, Teil 2, S. 276 ff.

der Union der sozialistischen Räterepubliken angehören.« Nach Art. 3 werden die übrigen Mitglieder der Handelsvertretung von der Einkommensteuer für das Einkommen befreit, das sie für ihre Tätigkeit im Dienst der Union beziehen. Nach Absatz 2 genießt die Handelsvertretung für ihre Diensträume in Stockholm das Recht der Exterritorialität. Der mit Lettland im Jahre 1927 abgeschlossene Vertrag bestimmt in Art. 5 [1]): »Il est créée près la Légation de l'Union des Républiques socialistes soviétiques en Lettonie une représentation commerciale . . .« Im russischen Text heißt es: »W sostawe predstawitelstwa«, was soviel bedeutet wie: im Bestand der diplomatischen Vertretung. Es ließe sich denken, daß es den Russen damit gelungen ist, ihren Standpunkt durchzusetzen. Jedenfalls geht der lettische Vertrag in der Ausdehnung der Rechte der Handelsvertretungen am weitesten. Denn es folgt eine Bestimmung, die derjenigen im italienischen Vertrag entspricht: »Le représentant commercial et son remplaçant et les membres du conseil de la représentation commerciale . . . font partie du personnel de la Légation de l'Union des Républiques socialistes soviétiques en Lettonie et jouiront des droits et privilèges accordés aux membres des missions diplomatiques.« Und schließlich wird für die Büros nicht nur der Zentralverwaltung, sondern auch der Filialen die Exterritorialität festgelegt. Im russisch-estnischen Vertrag vom 17. 5. 1929 [2]) heißt es in Art. 17: »Une représentation commerciale ayant son siège à Tallinn sera créée au sein de la Légation de l'Union des Républiques soviétistes socialistes en Estonie.« Die Worte »au sein de la Légation« entsprechen der russischen Fassung des Art. 5 im russisch-lettischen Vertrag. Aber selbst wenn man hieraus den Schluß ziehen wollte, daß die Handelsvertretung als Teil der Gesandtschaft anerkannt wird, so ist diese Bestimmung doch nicht von solcher Bedeutung, da die diplomatischen Vorrechte ebenso wie im Vertrag mit Schweden nur dem Handelsvertreter und dessen Stellvertreter gewährt werden; denn Art. 18 Abs. 1 bestimmt: »Le représentant commercial et son adjoint appartiendront au personnel diplomatique de la Légation de l'Union des Républiques Soviétistes Socialistes et jouiront de tous les droits et privilèges reconnus aux membres des missions diplomatiques. Les locaux officiels de la Représentation Commerciale, sis à Tallinn, bénéficieront de l'exterritorialité.« Der zuletzt abgeschlossene Vertrag, ein modus vivendi

---

[1]) Société des Nations, Recueil des traités 1927, No. 1591.
[2]) GS. UdSSR 1929, Nr. 42.

zwischen England und Rußland vom 16. 4. 1930 [1]) bestimmt in Art. 2 Abs. 2: »The head of the Trade Delegation shall be the Trade Representative of the Union of Soviet Socialist Republics in the United Kingdom. He and his two deputies shall, by virtue of paragraph 1 of the present Article, be accorded all diplomatic privileges and immunities, and immunity shall attach to the offices occupied by the Trade Delegation (5th Floor, East Wing, Bush House, Aldwych, London) and used exclusively for the purpose defined in paragraph 3 of the present Article. No member of the staff of the Trade Delegation, other than the Trade Representative and his two deputies, shall enjoy any privileges or immunities other than those which are, or may be, enjoyed in the United Kingdom by officials of the State-controlled trading organisations of other countries.«

Im deutsch-russischen Vertrag ist keine Stelle zu finden, die die Exterritorialität für die Handelsvertretung als solche ausspricht. Dem Leiter der Handelsvertretung und seinen beiden Stellvertretern und den Mitgliedern des Rats der Handelsvertretung sind die Vorrechte der Exterritorialen eingeräumt (Art. 4 Wirtschaftsabkommen). Die von der Handelsvertretung benutzten Räume in der Lindenstraße in Berlin werden als exterritorial bezeichnet (Art. 5 Wirtschaftsabkommen). An den Satz des Art. 2 Wirtschaftsabkommen, daß der Botschaft der UdSSR eine Handelsvertretung angegliedert werde, knüpft sich ein Meinungsstreit. Die russische Auffassung ist die, daß durch diesen Satz die Handelsvertretung als Teil der Botschaft anerkannt werde, und daß aus dieser Bestimmung unmittelbar die Exterritorialität der Handelsvertretung gefolgert werden könne [2]). Dieser Ansicht ist auch Mersmann [3]), der die Handelsvertretung direkt als Glied der Botschaft bezeichnet und die Stellung der Handelsvertretung nach Sowjetrecht im Vertrag verwirklicht findet. Nun heißt es aber im Schlußprotokoll: »Die Angliederung findet ihren abschließenden Ausdruck in der in Art. 4 und 5 näher bestimmten Exterritorialität bestimmter Personen und Räume.« Und das Sitzungsprotokoll sagt: »Der Ausdruck »angegliedert« bringt nach dem Schlußprotokoll lediglich die Tatsache des Vorhandenseins der in Art. 4 und 5 näher bezeichneten Exterritorialitätsrechte

---

[1]) Treaty Series 1930, Nr. 19.

[2]) Vgl. Rappoport-Stein, Handels- u. Wirtschaftsvertrag zwischen der UdSSR und dem Deutschen Reich, Berlin 1926, S. 47.

[3]) Mersmann-Soest-Wohl, aaO. S. 108.

bestimmter Personen und Räume zum Ausdruck.« Aus diesen Erklärungen geht deutlich hervor, daß man einer zu weiten Interpretierung des Ausdrucks »angegliedert« vorbeugen wollte [1]). Es kann aus dem deutsch-russischen Vertrag nicht geschlossen werden, daß die Handelsvertretung als Teil der Botschaft anzusehen ist. Auch diese Bestimmungen stellen ein Kompromiß dar: die Handelsvertretung als solche ist nicht exterritorial, sondern nur ein beschränkter Teil der Beamten und die Räume der Handelsvertretung [2]).

Wie sich aus der Zusammenstellung ergibt, stellen die Regelungen in den verschiedenen Verträgen Kompromißlösungen dar. Die ziemlich weitgehende Gewährung von diplomatischen Vorrechten ist auf den Wunsch der mit der Sowjetunion kontrahierenden Staaten zurückzuführen, mit derselben Handel zu treiben, was nach der Schaffung des Außenhandelsmonopols eben nur mit dem Staat möglich war. Eine allgemeine Rechtsnorm läßt sich aus den Verträgen nicht ableiten.

Was von der Handelsvertretung selbst gilt, muß in erhöhtem Maße von den Filialen der Handelsvertretung gelten. Denn die behördlichen Funktionen spielen hier eine noch geringere Rolle. Es handelt sich im wesentlichen um kaufmännische Niederlassungen eines Großunternehmens. Das Verlangen nach Exterritorialität für diese Filialen kann rechtlich nicht begründet werden. Es ist der Sowjetregierung bisher nur im lettisch-russischen Vertrag gelungen, die Exterritorialität auch für die Räume der Filialen durchzusetzen; denn Art. 5 Z. 4 bestimmt [3]): »Les locaux de service de l'administration centrale de la représentation commerciale de l'URSS et de ses succursales à Riga, ainsi que ceux des autres succursales jouiront du droit de l'exterritorialité.« Für eine Filiale, die in Stambul befindliche, war auch im russisch-türkischen Vertrag vom 6. 4. 1927 Exterritorialität bewilligt worden. Im Gegensatz hierzu hatte der nicht ratifizierte persisch-russische Vertrag ausdrücklich bestimmt (Art. 13) [4]): »Dabei versteht es sich von selbst, daß die russischen Leiter und das russische Personal der Niederlassungen in der Provinz

---

[1]) Ardens, Die rechtliche Bedeutung der deutsch-russischen Verträge, Ostrecht 1925, S. 326 und Freund, Das deutsch-russische Vertragswerk, Ostrecht 1925, S. 385.

[2]) Vgl. hierzu Martius, Die rechtlichen Grundzüge der deutsch-russischen Verträge vom 12. 10. 1925, in Osteuropa 1925/1926, S. 448 f.

[3]) SdN. Recueil des Traités 1927, No. 1591.

[4]) Grotius, aaO. S. 104.

und in Teheran allen auf russische Staatsangehörige anwendbaren Zivil-, Straf-, Finanz-, fiskalischen, städtischen usw. Gesetzen des Landes sowie allen auf diesen Gesetzen beruhenden Verwaltungsanordnungen, Regeln und Verfügungen unterworfen sind.« Die Russen werden zweifellos versuchen, in neuen Verhandlungen Exterritorialitätsrechte auch für die Filialen der Handelsvertretungen durchzusetzen. Demgegenüber muß gesagt werden, daß die z. B. im persischen Vertrag getroffene Regelung die einzig vernünftige ist.

Der Zwischenfall in der Berliner Handelsvertretung im Mai 1924 und der Arcosfall.

Bei zwei wichtigen Ereignissen hat die Frage der Exterritorialität der russischen Handelsvertretungen eine entscheidende Rolle gespielt. In beiden Fällen war eine genauere vertragliche Festlegung der Vorrechte der Handelsvertretungen noch nicht erfolgt. Ihre Stellung ist daher auf Grund der allgemeinen Rechtsgrundsätze zu prüfen. Es handelt sich um die Haussuchung im Gebäude der Berliner Handelsvertretung durch die Berliner Polizei im Mai 1924 und um die Haussuchung in den Räumen der Arcos und der russischen Handelsvertretung in London durch die Londoner Polizei im Mai 1927, die schließlich zum Bruch zwischen England und Rußland führte. In beiden Fällen hat die Sowjetregierung eine Verletzung der Exterritorialitätsrechte der Handelsvertretung behauptet. Da aber Exterritorialität der Handelsvertretung nach gemeinem Völkerrecht von ihr nicht in Anspruch genommen werden konnte, hätte dieselbe ausdrücklich in den Verträgen bestimmt werden müssen.

Zur Zeit des Maizwischenfalls war noch das deutsch-russische Abkommen vom 6. 5. 1921 [1]) in Geltung. Dasselbe erklärte in dem hier wichtigen Artikel 2: »Der Leiter der Vertretung genießt die Vorrechte und Befreiungen des Chefs beglaubigter Missionen. Bis zu einer anderweitigen Vereinbarung genießen ferner zunächst sieben Mitglieder der Vertretung die Vorrechte und Befreiungen der Mitglieder beglaubigter Missionen, soweit sie nicht Angehörige des Aufenthaltsstaates sind. Bezüglich der bei den Vertretungen beschäftigten Personen, die Angehörige des Aufenthaltsstaates sind, verpflichten sich die beiden Regierungen, die geeigneten Verwaltungsmaßnahmen zu treffen, damit 1. Haussuchungen nur unter Benachrichtigung der Zentralbehörde für auswärtige Angelegenheiten des Aufenthaltsstaates und, soweit nicht Gefahr in Verzug ist, im Beisein eines Beauftragten dieser Behörde und eines Beauftragten der Vertretung

1) RGBl. 1921, S. 929.

stattfinden, 2. Festnahmen und Verhaftungen der Zentralbehörde für auswärtige Angelegenheiten sofort mitgeteilt werden, die ihrerseits den Leiter der Vertretung spätestens innerhalb 24 Stunden nach der Festnahme oder Verhaftung benachrichtigen wird; 3. diese Personen sowie die Mitglieder ihrer Familien von öffentlich rechtlichen Arbeitspflichten jeder Art, sowie von Militär- und Kriegslasten verschont bleiben.«

Sind nun diese Bestimmungen genau beobachtet worden und sind andererseits die in den russischen Protesten geltend gemachten Behauptungen richtig? [1] Beide Fragen können nicht bejaht werden.

Die Polizei hatte die Flucht eines Häftlings in die Handelsvertretung zum Anlaß genommen, dort eine Haussuchung vorzunehmen. Selbst wenn es sich um ein exterritoriales Gebäude gehandelt hätte, wäre das Vorgehen der Polizei unter Umständen gerechtfertigt gewesen. Es wird angenommen, daß die Unantastbarkeit der Wohnung heute nicht mehr ein Asylrecht einschließt [2]. Ein völkerrechtlicher Grundsatz in dieser Richtung dürfte jedenfalls nicht vorhanden sein. Der Gesandte wäre also zur Herausgabe des Verbrechers, der sich in die exterritorialen Räume geflüchtet hat, verpflichtet. Man wird sogar sagen können, daß der befriedete Raum im Notfall zur Ergreifung des Verbrechers, auch gegen den Willen des Gesandten, betreten werden kann, wenn dieser die Herausgabe verweigert [3].

Diese Voraussetzung war auch bei dem Maizwischenfall gegeben. Aber während die Exterritorialität der Handelsvertretung gar nicht verletzt werden konnte, weil eine solche nach dem Abkommen nicht bestand, sind andere Bestimmungen des Abkommens verletzt worden. Das gilt insoweit, als die Polizei gegen solche Personen, wie sie in Art. 2 Absatz 1 genannt sind, vorgegangen ist. Aber auch die Bestimmungen des Absatz 2 Z. 1 sind nicht beachtet worden. Sicherlich ist eine vorherige Benachrichtigung der Zentralbehörde, wie diese nach dem Wortlaut zu verlangen wäre, nicht erfolgt. Dieselbe

---

[1]) Über den Maizwischenfall vgl. Lehnhoff, Der deutsch-russische Konflikt, Berlin 1924. Bulletin der Berliner HV 1924, Sonderausgabe zu Nr. 2/3 (mit Berichten). Heyking, L'exterritorialité, Paris 1926, S. 118. Cleinow, Die deutsch-russischen Rechts- u. Wirtschaftsverträge, Berlin 1926, S. 244. Liszt-Fleischmann, Völkerrecht, 12. Aufl., Berlin 1925, S. 200, Anm. 15.

[2]) Strisower, aaO. Bd. 1, S. 900. Heyking, aaO. S. 66. Moore, Asylum in legations and consulates 1892.

[3]) Vgl. Strisower, aaO. S. 900.

hätte das Vorgehen der Polizei zu verhindern gesucht. Ferner ist verlangt, daß Haussuchungen nur im Beisein eines Beauftragten der Zentralbehörde und eines Beauftragten der russischen Vertretung stattfinden sollen. Die Polizei wird schwerlich behaupten können, daß Gefahr im Verzug war. Suchte sie nach dem Entflohenen, so mußte sie damit rechnen, daß derselbe in der Zwischenzeit längst seine Flucht fortgesetzt hatte. Die nach dem Maiabkommen geltenden Voraussetzungen für das Betreten der Räume der Handelsvertretung sind von der Polizei jedenfalls nicht erfüllt worden.

Wenn aber Krestinsky in seiner Note vom 4. 5. 1924 für die Handelsvertretung als untrennbaren Teil der diplomatischen Vertretung die gleichen Reste der Unantastbarkeit in Anspruch nimmt wie für die Botschaft und sich dafür auf den Wortlaut und den Geist des Maiabkommens und des Rapallo-Vertrages beruft, so muß diese These zurückgewiesen werden. Aus den Regeln des Völkerrechts kann die Exterritorialität der Handelsvertretungen ebensowenig abgeleitet werden wie aus dem Geist der Abkommen. Es ist unmöglich, aus einer solch allgemeinen Bestimmung wie Art. 16 des Maiabkommens, wonach dasselbe im Geiste gegenseitigen Wohlwollens zur Förderung der wirtschaftlichen Beziehungen ausgelegt werden soll, eine solche Schlußfolgerung zu ziehen. Die Handelsvertretung wurde geschaffen zu einer Zeit, da eine russische Botschaft in Deutschland nicht bestand. Sie war neben der Delegation für Kriegsgefangenenfürsorge die einzige russische Vertretung. Trotzdem wurde ihr die Exterritorialität der Räume nicht zugesichert. Das ergibt sich klar aus Art. 2 des Abkommens, wonach Haussuchungen unter bestimmten Voraussetzungen möglich sind. Daran änderte sich nichts durch die de jure-Anerkennung des Sowjetstaates und die Entsendung einer Botschaft nach Berlin, da die Bestimmungen des Maiabkommens weiter in Geltung blieben. Es ist daher die vom Reichsaußenminister vertretene Auffassung als richtig anzuerkennen. In der Note an die Botschaft vom 3. 5. 1924 sagt er: »Hinsichtlich des Vorgehens der Polizeibehörde beehrt sich das Auswärtige Amt auf die Tatsache hinzuweisen, daß dem von der Handelsvertretung gemieteten Gebäude nicht etwa die besonderen Vorrechte zustehen, wie sie die Gebäude der hier beglaubigten Missionen genießen. . . .« Und in der Antwort auf die zweite Note der russischen Botschaft heißt es: »Was die nun weiterhin berührte Frage der Exterritorialität der Handelsvertretung angeht, so möchte ich feststellen, daß eine Meinungsverschiedenheit darüber, daß die völkerrechtliche Stellung der Handelsvertretung weder durch das allgemeine Völkerrecht noch durch zwischen beiden Ländern bestehende Verträge festgelegt ist, bisher zwischen den Vertretern beider Regierungen nicht obgewaltet hat.«

Soweit durch die eigenmächtige Aktion der Polizei die Bestimmungen des Abkommens und die einzelnen Mitgliedern zustehenden Vorrechte verletzt wurden, hat die deutsche Regierung im Protokoll vom 29. 7. 1924 ihr Bedauern ausgesprochen. Sie hat anerkannt, daß das Entweichen Bozenhardts nicht als Grund für diese Aktion dienen konnte. Soweit aber der russische Protest sich auf die Exterritorialität der Handelsvertretung als Vertreterin der Souveränität des Rätestaates berief, muß er als unbegründet zurückgewiesen werden. Es ist daher schon im Protokoll nicht die Handelsvertretung als solche, sondern nur ein Teil ihrer Räumlichkeiten als exterritorial anerkannt worden [1]).

Die Haussuchung im Sowjethaus in London [2]) hat weit größere politische Folgen gehabt. In rechtlicher Beziehung liegen die Verhältnisse aber ähnlich. In England galt noch das Abkommen vom März 1921. Inzwischen war allerdings Rußland de jure anerkannt, der von der Regierung Macdonald abgeschlossene Handelsvertrag war aber nicht ratifiziert worden. Immerhin hatte die konservative Regierung vorher nicht an einen Abbruch der Beziehungen gedacht [3]).

---

[1]) Heyking, aaO. S. 118, zieht aus diesem Zwischenfall in Verbindung mit dem Arcosfall den Schluß: «On peut donc conclure de ce qui précède que toute exemption du pouvoir territorial doit avoir été établie par des traités ou conventions internationaux ou par coutume non contestée.»

[2]) Literatur über den Arcosfall:

Anglo-sovetskie otnošenie, herausg. vom NKID (Kommiss. f. ausw. Angelegenheiten), Moskau 1927, vor allem Einleitung und S. 110 ff. Spender, The Arcos-Raid and after, in Contemporary Review 1927, 132, S. 1. »Augur«, Great Britain and Moscow in Fortnightly Review, July 1927, S. 12 ff.; Wise, Anglo-russian relations, ebenda S. 16 ff.; Grabowsky, Der engl.-russ. Bruch, Zeitschrift für Politik, 1927, XVIII, S. 77; Chintschuk (Russ. Handelsvertreter in England), Über d. Abbruch d. Beziehungen im Bulletin der Berliner HV 1927, Nr. 11, S. 6 ff. Justice of the Peace 1927, S. 422. European economic and political survey Vol. II, p. 585. Solicitors Journal 1927, p. 398. Bulletin of internat. News. Hrsg. v. d. Association for internat. Understanding, Oct. 1929, Vol. 3, Nr. 11.

[3]) Chamberlain am 25. Juni 1926 im Unterhaus: »The issue is: shall we break off relations which have now existed for some time; shall we terminate an Agreement which has been in force? I believe to answer those questions in the affirmative would be no good to us. . . .» Balfour im House of Lords am 26. Juni: «Nothing is gained by these formal gestures, that show that we greatly disapprove of people, whose actions we cannot in any way control.«

Das Abkommen vom 16. 3. 1921 bestimmt an besonderen Vorrechten für die Handelsvertretung in Art. 5: »Either party may appoint one or more official agents to a number to be mutually agreed upon to reside and exercise their functions in the territories of the other, who shall personally enjoy all the rights and immunities set forth in the preceding article (für die Handel treibenden Staatsangehörigen jedes Landes) and also immunity from arrest and search ... official agents shall be at liberty ... to receive and dispatch couriers with sealed bags subject to a limitation of three kilograms per week which shall be exempt from examination.« Da im übrigen der Handel auf Grund der geltenden englischen Gesetze betrieben werden sollte, ergab sich für die Sowjetregierung die Notwendigkeit, zur Ausübung des Außenhandels eine englische Aktiengesellschaft zu gründen, die All Russian Corporative Society oder Arcos Co., Ltd., die natürlich in allen Beziehungen den englischen Gesetzen unterworfen war. Die Arcos war im sogenannten Sowjethaus untergebracht, die eigentliche Handelsvertretung hatte darin einige Räumlichkeiten inne.

Der Vorgang war folgender: Da man angeblich vermutete, daß sich in den Räumen des Sowjethauses ein wichtiges englisches Geheimdokument befinde, unterzeichnete der Friedensrichter den Search Warrant auf Grund des Official Secrets Act, worauf die Polizei eine sehr genaue Haussuchung vornahm. Als Antwort auf den Protest des russischen Geschäftsträgers Rosengolz und des stellvertretenden Kommissars für auswärtige Angelegenheiten Litwinow kündigte die englische Regierung am 24. Mai im Unterhaus den Entschluß an, das Handelsabkommen zu beenden, die Zurückziehung der Handelsdelegation und Sowjetmission von London zu verlangen und die britische Mission von Moskau zurückzurufen. Der Premierminister machte bei dieser Gelegenheit folgende Feststellung über das Ergebnis der Haussuchung: »In conclusion it may be pointed out, that the evidence now in the hands of the authorities proves that: 1) both military espionage and subversive activities throughout the British Empire and North- and South Africa were directed and carried from Sovjet house; 2) no effective differentiation in rooms or duties was observed as between the members of the Trade Delegation and the employees of the Arcos and both those organisations have been involved in antibritish espionage and propaganda« [1]). Genügen diese

---

[1]) The Times, May 25th, 1927.

Gründe zur Rechtfertigung des Vorgehens der Regierung? In der Note von Rosengolz vom 12. 5. 1927 wird gesagt, daß der Handelsvertreter alle Rechte und Immunitäten des offiziellen Vertreters eines fremden Staates in Großbritannien genieße [1]). Und Litwinow erklärt in der Note vom 17. Mai [2]), daß das Prinzip der Immunität, das in Art. 5 des britisch-russischen Abkommens verkörpert sei, durch die britischen Autoritäten in gröbster Weise verletzt worden wäre. Demgegenüber hat Chamberlain im House of Commons am 19. Mai geschriebene Antworten zirkulieren lassen, in denen er feststellte, daß Verwirrung entstanden sei durch die Tatsache, daß der Vorgänger des damaligen Handelsvertreters nicht nur offizieller Vertreter auf Grund des Handelsabkommens, sondern auch Commercial Counsellor bei der Sowjetmission gewesen sei.

Aus Art. 5 des Handelsabkommens können folgende Schlüsse gezogen werden: Die auf Grund des Abkommens ernannten offiziellen Vertreter haben nur die im Abkommen genannten Rechte, im wesentlichen Freiheit von Haft und Untersuchung, aber keinesfalls darüber hinausgehende diplomatische Privilegien, wie sie die Sowjetregierung für sie in Anspruch nahm. Eine über das Abkommen hinausgehende Immunität war dem Handelsvertreter auch in einer englischen Gerichtsentscheidung abgesprochen worden. Als der damalige Handelsvertreter Krassin in einem Prozeß der Fenton Textile Association gegen ihn die Unzuständigkeit des Gerichts geltend machte, da er als offizieller Vertreter des fremden Staates in Prozessen Immunität genieße, entschied der Court of Appeal dahin, daß er nur die im Abkommen bestimmten Rechte in Anspruch nehmen könne, aber keineswegs irgend eine Immunität im Zivilprozeß habe [3]). Allerdings sind durch das Vorgehen der Polizei auch die durch das Abkommen garantierten Rechte verletzt worden. Man versucht eine Rechtfertigung damit, daß irgendeine räumliche oder funktionelle Scheidung zwischen der Arcos und der Handelsvertretung nicht bestand. Es ist klar, daß eine Haussuchung in der Arcos als in einer englischen Gesellschaft rechtlich ohne weiteres vertreten werden konnte. Aber die

---

[1]) Anglo-Sovetskie otnošenie, S. 110.

[2]) Ebenda S. 115.

[3]) 38 T. L. R. 259: «As the deft. had not been recognized by any competent authority in this country in any capacity other than that of official agent under the agreement, his status was insufficient to carry with it the immunity accorded to accredited and recognized representatives of foreign States.»

Tatsache allein, daß zwischen den Räumen der Arcos und der Handelsvertretung eine Trennung nicht bestand, kann noch nicht die Verletzung der Rechte der privilegierten Personen entschuldigen, die als solche ja bekannt waren.

Es wird nun versucht, eine Rechtfertigung des Vorgehens in dem Recht der Selbstverteidigung, einem der sogenannten Grundrechte der Staaten, zu finden. »... Any immunity or degree of consideration to which the officials or premises of the Trade Delegation may be entitled under the Trade Agreement or as a matter of international Comity, is entirely subordinated to the necessities of self-defence; so that, if the British Government can show good grounds ... the action of the government in searching both premises and persons is entirely justified« [1]).

Man nimmt gegenüber dem exterritorialen Gesandten ein Recht der Selbstverteidigung in den äußersten Fällen an. Beispiele im Völkerrecht sind allerdings sehr selten und liegen weit zurück. Wenn es die Abwehr eines Angriffes notwendig macht, so soll der Staat berechtigt sein, die dem Gesandten gewährten Exterritorialitätsrechte nicht zu beachten. Hier eine Ausnahme von der Exterritorialität anzunehmen, wird nicht nötig sein [2]). Dem Staat muß immer das Recht verbleiben, die zu seiner Erhaltung notwendigen Maßnahmen zu treffen, und in äußersten Fällen kann ihm dieses Recht durch keine rechtlichen Bestimmungen, wie sie auch geartet sein mögen, genommen werden. Wenn er also von der exterritorialen Person in einer Weise verletzt wird, die schnelle Maßnahmen erfordert, und wenn ihm andere Mittel nicht zu Gebote stehen, so wird es für den Staat erlaubt sein, von seiner Zwangsgewalt auch gegenüber der exterritorialen Person Gebrauch zu machen. Was gegenüber dem Gesandten erlaubt ist, ist natürlich auch in den Fällen nicht widerrechtlich, in denen weniger weitgehende Rechte, als sie den diplomatischen Vertretern zustehen, bewilligt worden sind. Immerhin wird es schwer sein, festzustellen, wann der Staat zu solchem Vorgehen berechtigt ist. Infolge der vor allem in der neueren Zeit sehr geringen Anzahl von Fällen, in denen ein Staat sich entschlossen hat, gegenüber exterritorialen Personen von dem Recht der Selbstverteidigung Gebrauch zu machen, lassen sich feste Regeln nicht finden. Auch kann man das subjektive Moment nicht ganz aus-

---

[1]) Solicitors Journal 1927, S. 398.

[2]) Vgl. Strisower, S. 899 f.

schalten. Man wird aber sagen können, daß die Maßnahmen dann erlaubt sind, wenn ein Fall vorliegt, den die Behörden des Landes unter Berücksichtigung aller Umstände wirklich für den äußersten zu halten berechtigt waren. Andernfalls liegt ein Völkerrechtsvergehen vor. Ob England im vorliegenden Fall das Recht der Selbstverteidigung in Anspruch nehmen kann, sei es nun, daß es sich auf die Wichtigkeit des nach englischer Behauptung im Sowjethause versteckten Geheimdokuments oder auf die von dort aus betriebene Spionage beruft, sei es, daß es sich auf die Übertretung der Klausel des Abkommens stützte, die die Enthaltung von Propaganda verlangte, muß höchst zweifelhaft erscheinen. Selbst wenn keine anderen Mittel gegeben gewesen wären, konnte die Gefährdung des englischen Staates nicht als so schwer angesehen werden, daß die Berufung auf das Recht der Selbstverteidigung möglich wäre.

Die Gerichtsbarkeit über die Handelsvertretungen.

Im Zusammenhang mit dem Problem der Exterritorialität der Handelsvertretungen steht die Frage, ob die von den Handelsvertretungen vorgenommenen Rechtshandlungen der Gerichtsbarkeit des Aufenthaltsstaates unterliegen. Da die Handelsvertretung, soweit sie Handel treibt, ein Unternehmen des russischen Staates ist, muß diese Frage im Zusammenhang mit dem viel umstrittenen Problem der Gerichtsbarkeit über fremde Staaten gelöst werden. Es muß festgestellt werden, ob eine Entscheidung auf Grund allgemeiner Normen möglich ist, oder ob besondere nur für die Handelsvertretungen geltende Rechtssätze zu finden sind. Es erscheint am zweckmäßigsten, dabei von der Rechtsstellung auszugehen, die die Handelsvertretungen im Hinblick auf ihre Immunität in den einzelnen Ländern genießen.

Bei der starken Betonung der Idee der Staatensouveränität und der durch das russische Recht den Handelsvertretungen eingeräumten Rechtsstellung ist es leicht verständlich, daß von russischer Seite die Immunität der Handelsvertretungen verlangt wird. In allen Fällen, in denen nicht durch besondere vertragliche Regelung auf die Immunität verzichtet worden war, hat die Sowjetregierung den Anspruch geltend gemacht, so z. B. vor den italienischen und französischen Gerichten. Die traditionelle völkerrechtliche Doktrin behaupte die Immunität des Staates, und dieselbe müßte überall da gelten, wo der Sowjetstaat nicht ausdrücklich auf sie verzichtet habe. Die Sowjetregierung stützt sich dabei auf die von den Gerichten der meisten Länder vertretene Auffassung, daß ein Staat selbst für privatrechtliche Akte vor den Gerichten eines fremden Staates nicht belangt werden könne, weil dies eine Verletzung seiner Souveränität bedeuten würde. Wie haben sich nun die einzelnen Länder dieser sowjetrussischen Auffassung gegenüber verhalten?

Zunächst muß hier kurz auf die Rechtslage in den Vereinigten Staaten eingegangen werden, die gegenüber den anderen Ländern eine wichtige Verschiedenheit zeigt; denn die Vereinigten Staaten haben die Sowjetunion auch heute noch nicht anerkannt. Es taucht damit ein Problem auf, das in früheren Jahren auch für die europäischen Länder Bedeutung hatte. Allerdings gibt es in den Vereinigten Staaten keine russischen Handelsvertretungen in dem Sinne, wie wir sie in anderen Staaten kennen. Aber auch dort gibt es staatliche russische Geschäftsvertreter, die für den russischen Staat Geschäfte abschließen. Welches ist nun die Stellung des sowjetrussischen Staates und seiner Geschäftsvertreter vor den amerikanischen Gerichten? Hat der nicht anerkannte russische Staat ein Klagerecht, genießt er die Immunität?

Das Klagerecht wird dem russischen Staat verweigert, weil ein nicht anerkannter Staat keine richtige Partei sei [1]: »We reach the conclusion, therefore, that a foreign power brings an action in our courts not as a matter of right. Its power to do so is the creature of comity. Until such government is recognized by the United States no such comity exists. The Plaintiff concededly has not been so recognized. There is, therefore, no proper party before us. We may add that recognition, and, consequently, the existence of comity is purely a matter for the determination of the legislative or executive departments of the government. ...« Darauf klagten statt des russischen Staates die einzelnen Mitglieder des Kinematographischen Komitees des Kommissariats für Volksbildung der RSFSR. Das Gericht erklärte, daß das Klagerecht durch die frühere Klage ausgelöscht sei. Aber selbst wenn es nicht der Fall sei, habe das Komitee bzw. seine einzelnen Mitglieder kein Klagerecht [2]: »Even if such right of action by the committee has not been terminated or extinguished, the fact that the so-called Sovjet Republic has been held not to have capacity to sue in the courts of this state [3], such committee or its individual members, or any of their successors, have no better or greater rights than their principal, ...and therefore, in either aspect of the matter they cannot maintain this action. ...« Damit wird sowohl dem russischen Staat selbst wie auch seinen Unternehmungen das Klagerecht bis zum Zeitpunkt der Anerkennung genommen. Diese Entscheidungen sind daraus zu erklären, daß das angelsächsische Recht die Rechtspersönlichkeit des Staates nicht kennt. Allerdings steht den Staaten das Recht zu klagen zu. Es wird aber als ein besonderes Vorrecht aufgefaßt, das für einen von der Regierung nicht

[1] Russ. Soc. Feder. Sov. Republic v. Cibrario 139 N. E. 259.

[2] Preobaszenski et al. v. Cibrario et al. 192 N. Y. Suppl. 275.

[3] Hier ist offenbar ein Fehler im Text.

anerkannten und damit für die Gerichte nicht existenten Staat nicht in Betracht kommt.

Man könnte nun erwarten, daß die amerikanischen Gerichte auch eine gegen den russischen Staat gerichtete Klage mit der Begründung, daß keine proper party vorhanden sei, abweisen; denn wenn er nicht Partei ist, kann er so wenig Kläger wie Beklagter sein. Auch wenn er als Partei anerkannt wird, sollte man annehmen, daß ihm keine Immunität zugebilligt wird. Die amerikanischen Gerichte haben aber anders entschieden. Im Falle Wulfsohn hatte das untere Gericht erklärt, daß eine Klage möglich sei, da die RSFSR. zwar nicht als Staat, aber als einfache fremde Körperschaft Partei sein könne. In dieser Eigenschaft komme ihr jedoch keine Immunität zu. Dieses Urteil wurde aufgehoben [1]) und die Immunität der Sowjetrepublik anerkannt:

»We have an existing government, sovereign within its own territories. There necessarily its jurisdiction is exclusive and absolute. It is susceptible of no limitation not imposed by itself. This is the result of its independence. It may be conceded that its actions should accord with natural justice and equity. If they do not, however, our courts are not competent to review them. They may not bring a foreign sovereign before our bar, not because of comity, but because he has not submitted himself to our laws. Without his consent he is not subject to them. Concededly that is so as to a foreign government that has received recognition....

But, whether recognized or not, the evil of such an attempt would be the same.... The question is a political one, not confided to the courts, but to another department of government. Whenever an act done by a sovereign in his sovereign character is questioned, it becomes a matter of negotiation, or of reprisals, or of war« [2]).

Nach englischer wie nach amerikanischer Rechtsprechung wird den fremden Staaten allgemein die Immunität zuerkannt. Das Urteil würde mit dieser Rechtsprechung übereinstimmen. Wenn man aber

---

[1]) Wulfsohn et al. v. RSFSR. 138 N. E. 24.

[2]) Vgl. auch Nankivel et al. v. Omsk All-Russian Government et al. 142 N. E. 569: »So long as it maintained an independent existence it was immune from suit for its governmental acts in our courts without its consent. Lack of recognition by the United States government, we have recently held, does not permit an individual suitor to bring a de facto government before the bar.... To sue a sovereign state is to insult it in a manner which it may treat with silent contempt. It is not bound to come into our courts and plead its immunity. It is liable to suit only when its consent is duly given.«

die Immunität als eine Norm der Völkerrechtsordnung ansieht, müßte man zu dem Ergebnis kommen, daß sie von den Gerichten einem Staat, der von der Regierung ihres Landes nicht anerkannt wurde, nicht zuzuerkennen ist; denn er wird in diesem Staat nicht als Mitglied der Völkerrechtsgemeinschaft angesehen und kann daher die den Mitgliedern zukommenden Rechte nicht für sich in Anspruch nehmen. Das merkwürdige ist nun, daß das amerikanische Gericht die Immunität nicht als einen Rechtssatz, sondern als eine politische Frage ansieht und aus diesem Grund keinen Unterschied zwischen anerkannten und nicht anerkannten Staaten macht.

In England, das den Sowjetstaat anerkannt hat, ist die Frage der Immunität der Handelsvertretungen vertraglich geregelt worden und die Handelsvertretung der englischen Gerichtsbarkeit unterworfen worden. Das gilt schon von dem vorläufigen Abkommen mit England vom März 1921. Eine ähnliche Bestimmung findet sich in dem nicht ratifizierten Vertrag aus dem Jahre 1924, ebenso wie in dem neuen Abkommen vom 16. 4. 1930 in Art. 2 Ziffer 6: »Any questions which may arise in respect of commercial transactions entered into in the United Kingdom by the Trade Delegation shall be determined by the Courts of the United Kingdom in accordance with the laws thereof.« Es sei aber darauf hingewiesen, daß in einer anderen Sache die Immunität der Sowjetunion von einem englischen Gericht anerkannt wurde. Im Jupiterfall [1]) wurde ein writ in rem für den Besitz eines dem russischen Staat gehörenden Schiffes nicht gegeben, da es die Sowjetunion zur Beklagten machen würde.

Auch die anderen Länder, die mit der Sowjetunion Handelsverträge abgeschlossen haben, haben fast durchweg die Unterwerfung der Handelsvertretungen unter die fremde Gerichtsbarkeit verlangt. Sie ist von der Sowjetunion stets zugestanden worden. Andernfalls wäre vermutlich die Tätigkeit der Handelsvertretungen gar nicht zugelassen worden. Eine Ausnahme macht nur der italienisch-russische Vertrag. Das schwedisch-russische Handelsabkommen [2]) hatte zunächst auf die Regeln des Völkerrechts verwiesen; denn nach Art. 3 sollten Streitigkeiten, die zwischen einem Lande oder seinen Angehörigen und Gesellschaften und dem anderen Lande oder seinen Angehörigen und Gesellschaften entstehen, nach den Grundsätzen des internationalen Rechts vor den zuständigen Gerichtshof des

[1]) The Jupiter (1924) P. 236.

[2]) Grotius, aaO. S. 111.

einen oder anderen Landes gebracht werden, sofern nicht durch den Inhalt der Verträge oder besondere Abkommen etwas anderes ausbedungen worden war. Durch einen besonderen Vertrag vom 8. 10. 1927 ist aber für die Handelsgeschäfte der Handelsvertretung die Zuständigkeit der schwedischen Gerichte vereinbart worden. Das gleiche gilt von zwei anderen in der neueren Zeit abgeschlossenen Verträgen, dem Vertrag mit Lettland aus dem Jahre 1927 [1]) und dem Vertrag mit Estland vom 17. 5. 1929, der eine fast gleichlautende Bestimmung wie der lettisch-russische Vertrag enthält [2]).

In Deutschland ist die Gerichtsbarkeit der deutschen Gerichte schon durch das vorläufige deutsch-russische Abkommen vom 6. 5. 1921 festgelegt worden. Es bestimmte in Art. 13: »Für die in Deutschland abgeschlossenen Rechtsgeschäfte und deren wirtschaftliches Ergebnis unterwirft sich die Russische Regierung den deutschen Gesetzen, für privatrechtliche Verbindlichkeiten der deutschen Gerichtsbarkeit und Zwangsvollstreckung jedoch nur, soweit es sich um Verbindlichkeiten aus Rechtsgeschäften mit deutschen Staatsangehörigen, deutschen Firmen und deutschen juristischen Personen handelt, die nach Abschluß dieses Abkommens eingegangen sind.« Damit war gleichzeitig betont, daß es sich nur um einen Verzicht der Sowjetregierung für die Zukunft handelt. Für die vor dem Abkommen abgeschlossenen Geschäfte wollte die Sowjetregierung den Anspruch auf die Immunität aufrecht erhalten.

Im deutsch-russischen Vertrag vom Oktober 1925 ist Art. 7, Wirtschaftsabkommen, von Wichtigkeit: »Die in Deutschland vorgenommenen, für die UdSSR verbindlichen Rechtshandlungen der Handelsvertretung und ihre wirtschaftlichen Ergebnisse werden nach den deutschen Gesetzen behandelt und unterliegen der deutschen Gerichtsbarkeit. Auch ist die Zwangsvollstreckung in das in Deutschland befindliche Vermögen der UdSSR zulässig, soweit es sich nicht um Gegenstände handelt, die nach allgemeinem Völkerrecht der Ausübung der staatlichen Hoheitsrechte oder der amtlichen Tätigkeit der diplomatischen oder konsularischen Vertretungen zu dienen bestimmt sind.«

---

[1]) Artikel 5, Ziffer 7.

[2]) Artikel 21, Satz 1: »Les actes juridiques faits par la Représentation Commerciale en Estonie et liant l'Union des Républiques Soviétistes Socialistes, ainsi que les résultats économiques desdits actes seront traités d'après les lois estoniennes et soumis à la juridiction estonienne.«

Obwohl das erste Abkommen ziemlich früh abgeschlossen wurde, findet sich schon vorher eine Entscheidung. Ehe die Geschäfte des Sowjetstaates mit Deutschen der deutschen Gerichtsbarkeit unterworfen wurden, hat das Kammergericht eine Klage gegen den russischen Staat abgewiesen, da die deutsche Gerichtsbarkeit auch aus rein privatrechtlichen Ansprüchen dem Prinzip der völkerrechtlichen Unabhängigkeit widersprechen würde [1]). Diese Entscheidung entspricht der traditionellen Rechtsprechung der deutschen Gerichte in der Frage der Immunität fremder Staaten. Sie wurde damit begründet, »daß, wenn ein ausländischer Staat auch in Privatrechtssachen gezwungen sein könnte, vor inländischen Gerichten Recht zu nehmen, er der inländischen Staatsgewalt unterworfen sei und an seiner völkerrechtlichen Unabhängigkeit Einbuße erleiden würde«[2]). Trotz der in der Wissenschaft sich ständig mehrenden Stimmen, die eine Beschränkung der Immunität verlangten und obwohl die letzten Jahrzehnte eine fortgesetzte Erweiterung des staatlichen Tätigkeitsfeldes mit sich brachten, hat das Reichsgericht auch nach dem Kriege an seinem früheren Standpunkt festgehalten [3]).

Diese Rechtsprechung steht im Einklang mit der früher auch in der Literatur vertretenen Ansicht und mit der Rechtsprechung der Gerichte der meisten Länder. Von der angelsächsischen Auffassung wurde schon gesprochen. Die französischen Gerichte vertreten nach einigen Schwankungen im Kriege den Grundsatz der absoluten Immunität. Ähnliche Prinzipien gelten in den im Osten neu entstandenen Staaten. Sowohl der Oberste Polnische Gerichtshof [4]) als auch das Oberste Gericht in Prag [5]) haben sich für die Immunität der fremden Staaten ausgesprochen. Begründet wird die Immunität, wenigstens von den kontinentalen Gerichten, überall in etwa derselben Weise wie vom Reichsgericht. Die Bejahung der Zuständigkeit des Gerichts gegenüber einem fremden Staat würde eine Verletzung seiner Souveränität bedeuten. Von dieser Rechtsprechung ist das Deutsche Gericht auch dem allen Außenhandel in seiner Hand vereinigenden Sowjetstaat gegenüber nicht abgewichen.

Zwei Staaten, in denen die Unterwerfung der Handelsvertretung

---

1) Bulletin der Berliner HV 1924, Nr. 8, S. 120.
2) Reichsgericht 12. 12. 1905 RGZ. 62, S. 165.
3) Reichsgericht 11. 12. 1921 RGZ. 103, S. 247.
4) Zeitschrift für Ostrecht 1927, S. 275 ff.
5) Zeitschrift für Ostrecht 1927, S. 232 ff.

unter die fremde Gerichtsbarkeit nicht vertraglich bedungen worden war, haben der Handelsvertretung gegenüber einen anderen Standpunkt eingenommen. In dem Vertrag mit Italien findet sich keine Bestimmung über die Gerichtsbarkeit. Für die Entscheidungen der Gerichte mußte daher das gemeine Völkerrecht maßgebend sein. So meint auch der Sowjetjurist Korezky [1]: »Wenn deshalb der Vertrag mit Italien am 7. 2. 1924 die Unterwerfung der von der Handelsvertretung in Italien vorgenommenen Geschäfte nicht ausbedingt, so finden Normen, wie sie oben angegeben sind (auf Grund der genannten Verträge), keine Anwendung.«

In einem Prozeß zwischen der Società anonima Tessini e Malvezzi gegen die russische Handelsvertretung hatte diese die Unzuständigkeit des Gerichts geltend gemacht. Am 12. 6. 1925 entschied die Corte di Cassazione über diese Frage [2]. Der Gerichtshof geht aus von dem früher anerkannten Grundsatz der Immunität: »Perció in applicazione del principio universalmente ammesso che ogni Stato deve astenersi dal sottoporre al giudizio dei propri tribunali gli Stati esteri da esso riconosciuti (par inter pares non habet jurisdictionem) la Corte avrebbe dovuto dichiararsi carente di giurisdizione.« Diese Doktrin selbst lasse aber Ausnahmen zu und sei nicht durchführbar. Bei Ausübung von Handel durch den Staat müsse man Selbstunterwerfung annehmen: »Ma non è meno certo che implicitamente venga rinunciare a l'immunità, rispetto a tutta la seria degli atti relativi, lo Stato che si faccia ad imprendere nel territorio di un altro l'esercizio di un commercio o di une industria.« Die Anerkennung de jure macht keinen Unterschied: »Neppuro può essere di ostacolo a ritenere avvenuta la rinunzia tacita all' immunità l'osservazione della ricorrente, che la citazione precedette quel riconoscimento de jure dello Stato russo da parte del nostro governo, per effetto lo quale soltanto divenne applicabile al detto Stato la regola dell' esenzione della giurisdizione.« Der Charakter der Geschäfte der Handelsvertretung als Handelsgeschäfte, der durch die Tatsache des Außenhandelsmonopols nicht berührt wird, hat alle entsprechenden Wirkungen, auch die der stillschweigenden Unterwerfung: »Ma l'avere il Governo Russo monopolizzato a fine politico il commercio con l'estero, non toglie, come bene osservano i resistenti, che oggetivamente, e di fronte sia ai terzi

---

[1]) Korezky, aaO. S. 771.

[2]) Corte di Cassazione, 1925, Sp. 1456.

contraenti, sia allo Stato, dove il commercio viene esercitato, le operazioni mediante le quali il monopolio si attua rivestano il carattere di operazioni commerciali; e soltanto questo carattere attua gli effetti, non escluso quello di far ritenere la tacita rinunzia all' immunità giurisdizionale.«

Durch dieses Urteil erklärt das italienische Gericht, daß die Geschäfte der Handelsvertretung der italienischen Gerichtsbarkeit unterworfen sind. Es folgt damit den Bahnen, die von der italienischen Rechtsprechung in der Frage der Immunität schon vorher beschritten worden sind. Schon in früherer Zeit und gleichermaßen in Urteilen, die nach dem Kriege ergangen sind, hat die italienische Rechtsprechung die Gerichtsbarkeit über fremde Staaten bejaht [1]). Sie befindet sich in Übereinstimmung mit der ägyptischen [2]) und mit der belgischen Rechtsprechung [3]). Diese hält allerdings, im Gegensatz zur italienischen Rechtsprechung, die Zwangvollstreckung gegen den fremden Staat nicht für möglich [4]).

Die Begründung, die von den italienischen Gerichten gegeben wird, ist nicht ganz einheitlich. Manchmal wird, wie in dem Urteil gegen die russische Handelsvertretung, eine stillschweigende Unterwerfung unter die fremde Gerichtsbarkeit angenommen. Während auch sonst eine Unterwerfung des Staates unter die fremde Gerichtsbarkeit für möglich gehalten, meist aber verlangt wird, daß sie ausdrücklich geschieht, erklären die italienischen Gerichte, daß der Staat dann, wenn er in privatrechtliche Beziehungen trete, wenn er Handelsgeschäfte mache oder gar ein Handelsunternehmen im fremden Lande betreibe, sich stillschweigend der fremden Gerichtsbarkeit unterwerfe. Die andere Begründung geht dahin, daß für den Staat, sofern er nicht als Träger öffentlicher Gewalt, sondern als Fiskus auftrete, nicht jure imperii, sondern jure gestionis handle, eine Befreiung von der Gerichtsbarkeit gar nicht in Frage komme, da die staatliche Souveränität hierbei nicht berührt werde. Diese Ansicht kommt am deutlichsten zum Ausdruck in der Entscheidung vom 13. 3. 1926, die in einem Prozeß gegen die rumänische Regierung er-

---

[1]) Tribunale di Roma, 13. 2. 1924, Clunet 1925, S. 113. Corte d'Appello di Genova, 4. Mai 1925, Corte di Cassazione, 13. 3. 1926, Rivista di Diritto internazionale 1926, S. 252.

[2]) Vgl. Phillimore, L'immunité des Etats im Recueil des Cours de l'Académie de droit international, 1925, Bd. 3, S. 417ff.

[3]) Cour de Cassation 15. 6. 1903, Belgique Judiciaire 1903, Sp. 1266.

[4]) Cour d'Appel de Bruxelles 27. 6. 1921 Jur. anv. 1921, S. 496.

ging. Sie steht in Übereinstimmung mit der heute in der Wissenschaft am stärksten vertretenen Theorie, nach der die Akte des Staates in privatrechtliche und öffentlich-rechtliche zu trennen sind, und der Staat für die ersteren der fremden Gerichtsbarkeit unterworfen werden soll. Nach ihr ist eine derartige Trennung der staatlichen Handlungen, wie sie das innerstaatliche Recht teilweise auch vornimmt, ohne weiteres denkbar [1]).

Die Begründung mit der stillschweigenden Unterwerfung, wie sie der russischen Handelsvertretung gegenüber versucht wird, gibt zu Zweifeln Anlaß. Es ist zwar richtig, daß durch die Monopolisierung des Außenhandels die Geschäfte der Handelsvertretung nicht zu Akten der öffentlichen Gewalt werden [2]). Trotzdem aber kann ein stillschweigender Verzicht auf ein dem Staate zustehendes Recht nicht angenommen werden, vor allen Dingen, da ein Verzichtwille von seiten des russischen Staates gar nicht vorausgesetzt werden konnte.

Noch interessanter ist die Rechtsprechung der französischen Gerichte. Diese haben sich der Handelsvertretung gegenüber für zuständig erklärt, obwohl sie sonst am Grundsatz der Immunität festhielten, ja in der Auslegung dieses Grundsatzes sehr weit gingen. So hat eine Entscheidung des Tribunal Civil de la Seine vom 1. 4. 1925 die Immunität sogar auf die Mandatare der fremden Regierung ausgedehnt [3]): »Attendu en effet que la règle de l'indépendance réciproque des Etats doit s'appliquer non seulement aux demandes dirigées

[1]) Siotto-Pintor, in der Festschrift für Fleiner, Tübingen 1924, »La dottrina dell' immunità degli Stati esteri«, S. 249: »Siccome, peró alla distinzione così formulata si suole opporre l'impossibilità di scindere in duo soggetti la personalità unica dello Stato, e preferibile riferirsi alla distinzione fra rapporti o atti di potestà pubblica e rapporti o atti di diritto privato.« — Ähnlich Weiß, »La compétence ou l'incompétence des tribunaux à l'égard des Etats étrangers«, im Recueil des Cours de l'Académie de droit international, 1923, S. 546: »Il paraît beaucoup plus sûr d'admettre que la nature des actes accomplis par l'Etat étranger doit seule être prise en considération, lorsqu'il s'agit d'accorder ou de dénier aux tribunaux des autres pays le pouvoir d'en connaître.« — Van Praag in der Revue de droit international et de législation comparée, 1923, S. 451. De Vissher ebendort, 1922, S. 316 ff. — v. Bar, Theorie u. Praxis d. internat. Privatrechts, II, S. 674. — Strupp, Grundzüge des Völkerrechts, S. 61. — Mérignhac, Traité de droit international public I, S. 206. — Mendelssohn, Jur. Wochenschrift, 55. Jahrg., Sp. 2407.

[2]) Siotto-Pintor, in seinen Bemerkungen zu dem Urteil (in der Rivista di diritto prozessuale civile, 1926, S. 93 ff.) betont dies ausdrücklich.

[3]) Esnault-Pelterie c. the A. V. Roe Co. Ltd. Clunet 1925, S. 702. — Vgl. auch Saabrok c. Société Maritime Auxiliaire de Transport. Cour d'Appel de Rennes, 29. Juni 1918, Revue de droit internat. privé, tome 18, p. 743.

contre le gouvernement lui-même, mais encore à celles introduites contre les agents, mandataires ou cocontractants de ce gouvernement à raison des actes qu'ils accomplissent en cette qualité ou en vertu des ordres du-dit Etat; attendu en effet, que l'on ne peut par un moyen détourné faire juger par un tribunal étranger les agissements d'un autre Etat...«

Während nun die Immunität vor der Anerkennung für den Sowjetstaat nicht zu gelten brauchte, so hätte man auf Grund dieser Rechtsprechung erwarten müssen, daß nach der de jure Anerkennung der Rätestaat und dementsprechend die Geschäfte seiner Handelsvertretungen die gleiche Immunität genießen müßten, die die französischen Gerichte den anderen Staaten zuerkannten. Denn ein Vertrag, durch den sich die Sowjetregierung der französischen Gerichtsbarkeit unterworfen hätte, bestand nicht. Dies ist aber keineswegs der Fall. Obwohl von den Russen die Unzuständigkeit des Gerichts geltend gemacht wurde, haben die französischen Gerichte ihre Zuständigkeit bejaht. Allerdings sind die Urteile nicht sehr klar, doch treffen wir auf ähnliche Gedankengänge wie beispielsweise in der italienischen Entscheidung. Während die Russen den Außenhandel für ein Element der staatlichen Souveränität erklären, ebenso wie Gesetzgebung, Verwaltung und Justiz, und behaupten, daß die de jure-Anerkennung die Anerkennung aller dieser Elemente einschließe, erklären die französischen Gerichte das Außenhandelsmonopol für ein Prinzip der inneren Organisation, das an der privat- und handelsrechtlichen Natur der Akte des Handelsvertreters nichts ändere, die infolgedessen dem gemeinen Recht der Handeltreibenden unterworfen werden müßten [1]. Gerade hier liegt aber der neue Gedanke: denn bisher hatten die französischen Gerichte sich nicht nur für die öffentlich-rechtlichen, sondern auch für die privatrechtlichen Akte eines fremden Staates, ja sogar seiner Mandatare, für unzuständig gehalten.

Im Jahre 1926 verlangte die Association France Export einen Arrest über die Handelsvertretung, um die Kosten zurückzuerlangen, die sie für die Vorbereitung einer Ausstellung in Moskau gehabt hatte, für die schließlich die Einfuhr der Waren nicht gestattet wurde. Die Cour d'Appel de Paris hielt die Anordnung des Arrests aufrecht durch eine Entscheidung vom 19. 11. 1926 [2]).

»Considérant que l'URSS expose: que le commerce extérieur

---

[1]) Vgl. auch Jéramec, aaO. S. 108.

[2]) Revue de droit international privé (Darras-Lapradelle) 1927, S. 251; Clunet 1927, S. 406.

constitue en Russie un monopole d'Etat qui s'exerce sous l'autorité du commissariat du peuple par l'intermédiaire de diverses organisations gouvernementales aux nombres desquelles figurent les représentations commerciales en pays étranger;

Qu'elle ajoute que celles-ci sont elles-mêmes rattachées aux représentations diplomatiques ou ambassades que l'URSS entretient dans les pays avec lesquels elle a repris des relations officielles;

Qu'elle en conclut que les saisies-arrêts faites contre sa représentation commerciale à Paris ont été en réalité pratiquées contre elle-même, c'est-à-dire contre un Etat souverain à l'occasion de sa puissance publique et qu'elles ne peuvent être maintenues;

Mais considérant que la situation juridique de la représentation commerciale de l'URSS en France n'est pas encore nettement définie, que la question est soumise aux délibérations de la conférence Franco-Soviétique qui est actuellement réunie à Paris;

Que jusqu'à ce qu'il en ait été décidé autrement par un accord diplomatique, les manifestations d'une activité commerciale qui s'exerce dans tous les domaines ne peuvent apparaître que comme des actes de commerce auxquels le principe de la souveraineté de l'Etat demeure complètement étranger;

Par ces motifs, maintient l'ordonnance rendue par le Président du Tribunal Civil de la Seine, le 29 Juillet 1926, qui a autorisé les saisies-arrêts . . .« [1]).

Der Fall kam vor die Cour de Cassation, die am 19. 2. 1929 entschieden und das Urteil aufrecht erhalten hat, ohne eine weitere Begründung zu geben [2]):

---

[1]) In der Note zu dieser Entscheidung (von Perroud, Clunet 1927, S. 409) wird sie gebilligt. Der Verfasser scheint aber auf dem Standpunkt zu stehen, daß die Immunität für die actes de commerce nicht gerechtfertigt ist, eine Ansicht, die zweifellos nicht in Einklang mit der sonstigen Rechtsprechung der französischen Gerichte steht. Es kann rechtlich keinen Unterschied machen, ob der gesamte auswärtige Handel oder nur einzelne Handelszweige monopolisiert sind. Das Urteil hätte sich mit der Rechtsprechung der französischen Gerichte in der Frage der Immunität auseinandersetzen müssen.

[2]) Clunet 1929, S. 1043. Sirey 1930 p. 49, mit Anmerkung von Niboyet, der u. a. ausführt: «La chambre des requêtes ne reproduit pas exactement la thèse de la Cour d'appel. Celle-ci décidait que les représentations commerciales ne sont pas encore reconnues en France. La Cour suprême formule une thèse assez différente. Elle affirme, d'une manière très nette, que les actes commerciaux de ces représentations ne peuvent apparaître que comme des actes de commerce auxquels »demeure étranger le principe de la souveraineté des Etats«. Il ne s'agit donc plus ici de constater que, temporairement, le statut

»Attendu que la saisie-arrêt contestée a été pratiquée sur la représentation commerciale en France de l'Union des Républiques socialistes soviétiques;

Que l'arrêt constate que cette représentation commerciale manifeste son activité commerciale dans tous les domaines;

Que ces manifestations ne peuvent apparaître que comme des actes de commerce auxquels le principe de la souveraineté des Etats demeure complètement étranger;

Que cette appréciation de la situation juridique de la partie saisie justifie le maintien de la saisie-arrêt . . . .«

Ebenso zeigt eine Entscheidung des Tribunal de Commerce de la Seine vom 13. 1. 1927 [1]), daß die französischen Gerichte nicht daran denken, dem Rätestaat für die Handelsvertretungen Immunitätsrechte zuzubilligen. Die Handelsvertretung wurde als fremder Kaufmann angesehen und dazu verurteilt, ihre Eintragung ins Handelsregister

---

de ces Représentations demeure encore incertain, mais de leur dénier, en principe, les immunités de l'Etat, à raison de leur objet.

Nous ne pouvons nous empêcher de constater la grande nouveauté de cette thèse. Nous l'avons, en effet, rappelé au début de cette note, la jurisprudence nous a habitué à ne pas séparer l'activité publique ou privée de l'Etat. En particulier, lorsqu'il s'agit d'un Etat comme l'U.R.S.S., cette distinction est très difficile. Il faudra dès lors, avec la thèse de notre arrêt, se mettre à la recherche, dans chaque cas, des actes de commerce et de ceux de l'Etat qui n'en sont pas. Ainsi, l'Etat qui fabrique des allumettes et qui manufacture des tabacs dans un but commercial, ou encore celui qui a monopolisé les assurances parce qu'il n'a pas trouvé d'autres ressources budgétaires, fait-il des actes de commerce auxquels le principe de la souveraineté des Etats demeure complètement étranger?

Si la règle, énoncée par notre arrêt, devait être maintenue, — et elle peut invoquer de solides raisons, — il se produirait un véritable déplacement des idées actuelles en la matière, et une regression de l'incompétence des tribunaux français à l'égard des Etats étrangers, avec la possibilité de procéder à des voies d'exécution.«

Es sei bemerkt, daß das französische Recht ebenso wie das deutsche den Körperschaften des öffentlichen Rechts wie z. B. Provinzen oder Gemeinden keine Immunität zubilligt (vgl. Journal de droit international privé, 1894, p. 1032. — Tribunal de la Seine, 11. Dez. 1922, Journal de droit internat. privé, 1923, p. 857). Es ist denkbar, daß man auf Grund dieses Gedankenganges zu einer Ablehnung der Immunität der Handelsvertretung kommt. Nach Ansicht der Cour d'Appel war die Rechtsstellung der Handelsvertretung aber nicht zu bestimmen; im Hinblick auf die mit anderen Staaten geschlossenen Verträge dürfte eine derartige Lösung kaum möglich sein. In Wirklichkeit findet sich hier, wie auch Niboyet hervorhebt, eine weitgehende Beschränkung der Immunität im Vergleich zur bisherigen Rechtsprechung.

[1]) Siehe oben S. 49f.

zu verlangen. Schließlich wäre noch hinzuweisen auf ein Urteil des Tribunal Civil de la Seine vom 5. 3. 1930 [1]). Es handelt sich um die Vollstreckbarkeitserklärung eines englischen Urteils. Der russische Staat in Person des Direktors der Handelsvertretung wird verurteilt.

Diese Urteile französischer Gerichte sind sehr bezeichnend: sie stehen in direktem Gegensatz zu der bisherigen Rechtsprechung, vor allem zu der oben zitierten, von demselben Tribunal Civil de la Seine ein Jahr früher gefällten Entscheidung [2]), in der die Immunität sogar auf die Mandatare der fremden Regierung ausgedehnt wurde. Die Cour d'Appel de Paris sagt allerdings, daß die rechtliche Stellung der Handelsvertretungen noch nicht klar definiert sei. Soviel dürfte aber auch für die französischen Gerichte festgestanden haben, daß es sich bei der Handelsvertretung um eine Vertretung des russischen Staates und ein Unternehmen des russischen Staates handelte, dem in Anwendung der bisher geltenden Grundsätze Immunität hätte zuerkannt werden müssen, nachdem der russische Staat von Frankreich einmal de jure anerkannt war. Trotzdem haben die französischen Gerichte gegenüber dem Sowjetstaat einen anderen Weg eingeschlagen und haben sich für die privatrechtlichen Akte der Handelsvertretungen für zuständig erklärt. Sich grundsätzlich mit dem Problem auseinanderzusetzen, haben sie allerdings vermieden. Wenn sie die bisher vertretene Anschauung nicht ausdrücklich aufgeben, trotzdem aber der Handelsvertretung Immunität für ihre Geschäfte nicht zubilligen wollten, so blieb keine andere Möglichkeit, auf die man sich hätte berufen können, als daß die Rechtsstellung der Handelsvertretung als Staatsunternehmen nicht sicher bestimmbar sei. Eine Lösung wurde damit nicht gegeben. In Wirklichkeit handelte es sich — darüber konnten sich die Gerichte kaum im Unklaren sein — um ein Abweichen von den bisher vertretenen Grundsätzen. Wenn die französischen Gerichte an diesem Standpunkt auch gegenüber anderen Ländern festhielten, würde damit der Grundsatz aufgestellt, daß die französischen Gerichte über die Akte jure gestionis eines fremden Staates die Entscheidungsgewalt haben: »Il y a tout lieu de croire qu'en face de cette situation (vis-à-vis des organes commerciaux de l'URSS) la tendance de nos juridictions à s'écarter de cette théorie de l'immunité

---

[1]) Hertzfeld c. Etat russe et Société La Dobroflott, Dalloz 1930, Nr. 18, S. 278.

[2]) Clunet 1925, S. 702.

absolue des Etats étrangers ne peut que s'affirmer.« [1]) Aus der Tatsache, daß die französische Rechtsprechung gerade gegenüber der Handelsvertretung von ihrer bisherigen Anschauung abgegangen ist, kann der Schluß gezogen werden, daß sie die Immunität der Handelsvertretung für praktisch unmöglich hält.

Der Überblick über die Rechtslage in den verschiedenen Ländern hat gezeigt, daß den russischen Handelsvertretungen nirgends Immunität zugebilligt wurde. Soweit die Verträge keinen ausdrücklichen Verzicht enthielten, wurde sie von den Gerichten nicht anerkannt. Die einzige Ausnahme bildet ein in die frühe Zeit der Entwicklung des Rätestaates fallendes deutsches Urteil [2]). Unter diesen Umständen erhebt sich die Frage, ob die Sowjetregierung überhaupt berechtigt ist, für die Handelsvertretungen Immunität zu verlangen, oder ob nach geltendem Völkerrecht eine solche gar nicht zu gewähren ist. Selbst wenn die Staaten für Rechtshandlungen privatrechtlicher Natur nicht der Gerichtsbarkeit unterliegen, wäre es möglich, daß für die Handelsvertretungen eine Ausnahme besteht.

Es kann kein Zweifel darüber bestehen, daß die Staaten immer die Immunität vor fremden Gerichten verlangt haben, und daß sie ihnen auch früher stets gewährt worden ist. Aus dieser Praxis muß ein die Freiheit von der Gerichtsbarkeit feststellender Rechtssatz abgeleitet werden, der auch nicht dadurch außer Kraft gesetzt sein kann, daß neuerdings die Gerichte einzelner Länder die Immunität nicht mehr anerkennen wollen [3]). Nun zeigt der moderne Staat, jedenfalls auf dem Kontinent, das Bestreben, immer weitere Angelegenheiten in seinen Kreis zu ziehen und seine Tätigkeit auch auf den ehemals Privaten vorbehaltenen Gebieten immer weiter auszudehnen. Unter diesen Umständen wird es für die Staaten eine stets größer werdende Zumutung bedeuten, den fremden Staat von der Gerichtsbarkeit zu befreien. Aber die in der Literatur vielfach vertretene Ansicht, daß der Staat nur für Akte öffentlicher Gewalt Anspruch auf die Immunität habe, kann nur de lege ferenda Bedeutung haben. Da eine gewohnheitsrechtliche Derogation des die Immunität im allgemeinen bestimmenden Rechtssatzes, der früher zweifellos bestand, nicht stattgefunden hat, müßte eine staatsvertragliche Regelung erfolgen.

---

[1]) Delehelle in d. Revue de Droit International Privé, 1927, S. 197.

[2]) Siehe S. 80

[3]) Vgl. hierzu meinen Aufsatz: »Vertragliche Beziehungen des Okkupanten zu den Landeseinwohnern« in der Zeitschrift für ausländisches öffentliches Recht und Völkerrecht, Bd. II, Teil I S. 91 ff.

Es frägt sich aber, ob nicht wenigstens insoweit eine Ausnahme von der Immunität sich durchgesetzt hat, als der Staat sich mit Handelsoperationen befaßt. Dies ist in der Literatur vielfach behauptet worden. Schon im Jahre 1891 hat das Institut de droit international verlangt, daß Klagen, die sich auf kommerzielle und industrielle Anlagen und auf Eisenbahnen beziehen, die sich in einem fremden Territorium befinden, zulässig sein sollten [1]). In die Friedensverträge ist eine Bestimmung aufgenommen worden, durch welche die besiegten Nationen den Verzicht auf ihre Immunitätsrechte erklären, soweit sie internationalen Handel treiben. So bestimmt Art. 281 des Versailler Vertrages: »Si le Gouvernement allemand fait du commerce international, il n'aura pas ou il ne sera pas présumé avoir droit, privilège ou immunité appartenant à la souveraineté.« [2]) In diesen Bestimmungen eine Änderung der Staatenpraxis zu sehen, ist aber nicht möglich; denn es handelt sich um einen einseitigen, erzwungenen Verzicht [3]). Außerdem zeigt die Fassung des Artikels, daß die Immunität als ein an und für sich zur Souveränität gehörendes Recht angesehen wurde.

Wichtig wurde das Problem durch die im Kriege und nach dem Kriege erfolgte weite Ausdehnung der staatlichen Handelsschiffahrt. Es zeigt sich hier eine gewisse Ähnlichkeit mit den durch die russischen Handelsvertretungen geschaffenen Zuständen; denn bei der Menge der existierenden Staatshandelsschiffe mußten sich große Schwierigkeiten ergeben. Hier ist die Frage durch ein im April 1926 in Brüssel abgeschlossenes Abkommen [4]) geregelt worden [5]).

So finden sich einzelne Ausnahmen, die zwar die allgemeine

---

1) Niemeyers Zeitschrift für internationales Recht, Bd. II, S. 159.

2) Ähnlich Art. 233 des Vertrages von St. Germain, Art. 216 des Vertrages von Trianon und Art. 216 des Vertrages von Neuilly.

3) Nolde, Droit et technique des traités de commerce, im Recueil des Cours de l'Académie de Droit international 1924, II p. 368, sieht in den Bestimmungen keine Ausnahme, sondern den Ausdruck des gemeinen Rechts. Das Schweigen der gewöhnlichen Handelsverträge über diese Frage genügt aber nicht zur Begründung eines solchen Standpunktes.

4) Von Deutschland ratifiziert am 9. 7. 1927 RGBl. 1927, II, S. 483.

5) Vgl. Art. 1: »Les navires de mer appartenants aux Etats ou exploités par eux, les cargaisons leur appartenants, les cargaisons et passages transportés par les navires d'Etat, de même que les Etats qui sont propriétaires de ces navires ou les exploitent, ou qui sont propriétaires de ces cargaisons, sont soumis en ce qui concerne les réclamations relatives à l'exploitation de ces navires ou aux transports de ces cargaisons aux mêmes règles de responsabilité et aux mêmes obligations que celles applicables aux navires, cargaisons ou armements privés.«

Tendenz zur Einschränkung der Immunität zeigen, aus denen sich aber nicht der Schluß ziehen ließe, daß nach geltendem Völkerrecht für die Handelsunternehmen eines Staates die Immunität nicht anzuerkennen sei. Wie für die Staatshandelsschiffe müßten die Staaten in einem allgemeinen Abkommen auf ihre Rechte verzichten, soweit von ihnen Handel getrieben wird [1]).

Ist nun für die Handelsvertretungen eine besondere Ausnahme zu machen? Die Gewährung der Immunität an die russischen Handelsvertretungen müßte zu unerträglichen Zuständen führen. Denn wenn der Staat allein den gesamten Außenhandel betreibt, so muß die Aufrechterhaltung des Rechts der Immunität zur Folge haben, daß für sämtliche Handelsgeschäfte dieses Staates im fremden Land die Gerichte des Inlandes unzuständig sind. Nun sind die russischen Handelsvertretungen sowohl Staatsbehörde als auch Staatsunternehmen. Für die behördlichen Akte ist die Gerichtsbarkeit ausgeschlossen, da die Gerichte über Akte der Hoheitsgewalt nicht entscheiden können. Dagegen unterstehen die von der Handelsvertretung im fremden Lande vorgenommene Geschäfte der fremden Privatrechtsordnung und sind nicht als Akte der Hoheitsgewalt anzusehen, wie dies die Russen wollen [2]). Aber die Gerichte, die in jeder Gerichtsbarkeit über einen fremden Staat eine Verletzung seiner Souveränität sehen, müßten folgerichtig die Gerichtsbarkeit auch bei den privatrechtlichen Akten der Handelsvertretung für ausgeschlossen erklären. Denn die Handelsvertretung in ihrem operativen Teil ist nicht nur eine von der russischen Regierung organisierte Gesellschaft, sondern ein staatliches Handels-Unternehmen, die Vertretung des russischen Staates für Handelsgeschäfte auf dem ausländischen Markt. Eine Klage gegen die Handelsvertretung ergreift indirekt den russischen

---

[1]) Vor einiger Zeit hat sich auch ein Sachverständigenausschuß des Völkerbundes mit der Frage beschäftigt (SdN Comité d'Experts, 2ıme rapport A. 15, 1928 V p. 49 ss), ob nicht eine allgemeine Regelung durch Konvention möglich sei, und über die Zuständigkeit der Gerichte gegenüber den Staaten, die sich mit Handelsoperationen befassen, entschieden werden könne. Der Berichterstatter Botschafter Matsuda war der Meinung, daß der Staat, wenn er in privatrechtliche Beziehungen tritt, normalerweise der fremden Gerichtsbarkeit unterstehen müsse. Er sieht eine allgemeine Tendenz in dieser Richtung, glaubt aber die Zeit für ein allgemeines Übereinkommen noch nicht gekommen. Der Korreferent Professor Diena hält im Hinblick auf Entscheidungen der italienischen Gerichte, die Bestimmung der Friedensverträge und das Brüsseler Abkommen eine Kodifikation für möglich.

[2]) Siehe oben S. 57f.

Staat. Da die Geschäfte der Handelsvertretung aber der fremden Rechtsordnung unterstehen — wie dies in den meisten Verträgen ausdrücklich bestimmt wurde — so dürfte von einer Verletzung der Souveränität kaum die Rede sein. Trotzdem würde aber das den Staaten völkerrechtlich zustehende Recht auch für den Sowjetstaat erhalten bleiben. Aus der Tatsache allein, daß der Sowjetstaat den gesamten Außenhandel betreibt, wird man schwerlich ohne weiteres einen Ausschluß des Rechts, das anderen Staaten für einzelne Zweige des Handels zusteht, ableiten können. Aber wie neben den Verträgen, die die Immunität ausschließen, vor allem die Rechtsprechung der französischen Gerichte zeigt, die entgegen ihrer sonstigen Rechtsprechung den Handelsvertretungen die Immunität aberkennen, ist sie praktisch kaum möglich, und sie besteht tatsächlich in keinem Land. Wenn man auch daraus nicht schon heute auf eine gewohnheitsrechtliche Norm schließen kann, dürfte sich doch eine solche mit der Zeit sicher durchsetzen [1]).

Es bleibt noch die Frage zu untersuchen, ob die Handelsvertretung deshalb, weil sie als besondere juristische Person anzusehen ist, mit Rücksicht auf die Gerichtsbarkeit anders zu behandeln ist. In zwei neuen amerikanischen Entscheidungen ist Gesellschaften, deren ganzes Kapital sich in den Händen einer Regierung befand, keine Immunität gewährt worden [2]). In der zweiten Entscheidung heißt es:

»The defendant company being an entity distinct from its stockholders, immunity cannot be claimed by it or on its behalf on the ground that it and the government of France are identical in any respect. Private corporations in which a government has an interest, and instrumentalities in which there are private interests, are not departments of government.«

Man könnte nun annehmen, daß auch die russische Handelsvertretung als eine vom russischen Staat unterschiedene besondere juristische Person nicht auf die Immunität Anspruch erheben kann, die nur dem Staat als solchem zukommt. Das scheint mir aber nicht möglich. In den amerikanischen Entscheidungen handelt es sich um

---

[1]) Nach Nolde, aaO. S. 372, bedeuten die Bestimmungen der Verträge mit der Sowjetunion nur eine Feststellung bereits geltenden Rechts. M. E. liegt der Schluß näher, daß es sich um eine Derogation geltenden Rechts handelt. Eine gemeinrechtliche Norm, die den Etat commerçant von der Immunität ausschließt, läßt sich heute nicht nachweisen.

[2]) Coale et al. v. Société Coopérative Suisse des Charbons Bâle, 21 F (2d) 180; United States v. Deutsches Kalisyndikat Gesellschaft et al. 31 F (2d) 199.

private Gesellschaften. Diese entsprechen den russischen Gesellschaften, die noch neben der Handelsvertretung auf dem fremden Markt tätig sind. Auch sie befinden sich vollkommen in der Hand des Staates. Aber Immunität ist für sie von russischer Seite nie verlangt worden. Die Handelsvertretung dagegen bleibt ein staatliches Organ, selbst wenn sie auf Grund des russischen Rechts, das sogar Behörden eine besondere Rechtspersönlichkeit verleiht, als juristische Person angesehen wird. Eine solche im russischen Recht liegende Besonderheit kann aber eine völkerrechtliche Norm nicht ändern. Wenn der den gesamten Außenhandel betreibende russische Staat auf Immunität überhaupt Anspruch erheben kann, muß sie der Handelsvertretung auch als besonderer juristischer Person gewährt werden.

Auf diesem Wege zu einer Ablehnung der Immunität zu kommen, wird daher nicht möglich sein. Partikuläre Normen sind notwendig, bis eine allgemeine Regel sich durchgesetzt hat, die sei es die Immunität der Handelsunternehmen überhaupt aufhebt, sei es dieselbe nur für die Handelsvertretungen des den gesamten Außenhandel in seiner Hand vereinigenden Rätestaates ablehnt, für die sie praktisch kaum durchzuführen wäre.

Nach Abschluß des Druckes wird mir ein Urteil der Corte d'Appello di Genova vom 6. 5. 1930 (Giurisprudenza Italiana 20. 9. 1930 Parte Prima, Sez. II, p. 437) bekannt, dessen Ausführungen sich weitgehend mit meiner Auffassung decken. Es handelt sich um eine Klage der russischen Handelsvertretung in Italien. Der Beklagte hatte eingewandt, daß wegen der Immunität des russischen Staates die Handelsvertretung vor den italienischen Gerichten nicht klagen könne.

In meinem Aufsatz »Die vertraglichen Beziehungen des Okkupanten zu den Landeseinwohnern« in der Zeitschrift für ausländisches öffentliches Recht und Völkerrecht, Bd. II, Teil 1, S. 91 ff. habe ich ausgeführt, daß die Immunität auf einem Satze des Völkerrechts beruhe, der aus praktischen Gründen entstanden ist. Den Satz mit der Souveränität zu begründen, ist nicht nötig und dürfte schwierig sein. Eine solche Begründung würde dazu führen, daß ein Verzicht auf die Immunität außer durch Staatsverträge nicht möglich wäre, der fremde Staat also auch selbst nicht klagen könnte. Das Urteil sagt nun:

»... giustamente la difesa della U. R. S. S. ricorda che, secondo la più moderna dottrina del diritto internazionale, la esenzione degli Stati esteri dalla giurisdizione non deriva necessariamente dalla loro condizione di Stati sovrani, ma da una norma determinata nei rapporti fra gli Stati da ragioni di convenienza, che inducono ad un favore, al quale il singolo Stato può liberamente rinunciare.

Ed infatti, dato che il potere sovrano ha carattere essenziale di esclusività nei limiti territoriali, l'esercizio della giurisdizione, che è precisamente funzione di sovranità, non può implicare per sè stesso una violazione della sovranità di uno Stato estero, perchè questo di fronte al territorio altrui non si trova altrimenti che nelle condizioni di persona giuridica straniera qualsiasi, non potendo accamparvi prerogative che gli competono soltanto in relazione al territorio proprio.

E principio di commune ragione che ognuno è padrone in casa sua: mentre talvolta per motivi di opportunità, convenienza e reciprocità si astiene dall'esercitare rigorosamente il proprio diritto nei rapporti coi vicini.

Una pretesa di esenzione, in base al proprio diritto di sovranità, si risolverebbe nella imposizione da parte dello Stato estero di un limite alla giurisdizione locale, mentre questa legittimamente si fonda sul rapporto di persone o di cose col territorio nazionale.

La immunità giurisdizionale invece rappresenta soltanto una reciproca concessione tra Stati, fondata sulla comitas gentium, al fine del mantenimento di rapporti amichevoli, coll'eliminare la possibilità di un reciproco sindacato su quanto possa formare materia della rispettiva funzione sovrana, donde le ovvie conseguenze:

1° che la esenzione dalla giurisdizione spieghi efficacia solo nel caso in cui lo Stato estero potrebbe esserne passivo e non invece nel caso in cui esso si offra di sottostare alla giurisdizione suddetta per esercitare i propri diritti, non potendo la immunità risolversi in una menomazione di capacità personale;

2° che tale esenzione, comunque, non sussiste nel caso in cui detto Stato estero, nel rapporto, che dà luogo alla giurisdizione locale, non ha esplicato una funzione di ente sovrano, ma si è comportato more privatorum, ponendo in essere un negozio giuridico regolato da norme di diritto privato.«

Während die Ausführungen in Ziffer 1 zweifellos richtig sind, steht die in Ziffer 2 ausgeführte Ansicht zwar in Übereinstimmung mit der übrigen italienischen Rechtsprechung (vgl. oben S. 82); sie geht aber zu weit, und steht nicht im Einklang mit den vorhergehenden Ausführungen des Urteils. Der Rechtssatz von der Immunität macht keinen Unterschied zwischen souveränen und nichtsouveränen Akten, und gerade dann, wenn er nicht mit der Souveränität, sondern mit der comitas gentium begründet wird, liegt keine Veranlassung vor, diesen Unterschied zu machen.

Auf S. 57 f. wurde die Auffassung zurückgewiesen, daß es sich bei der Ausübung des Außenhandelsmonopols um Akte öffentlicher Gewalt handle. Dieselbe Meinung kommt in der Entscheidung zum Ausdruck, nach der auch solche Handelsoperationen, die zum Zwecke politischer Propaganda vorgenommen wurden, als privatrechtliche Akte zu bezeichnen sind:

»La sovranità viene esplicata nei confronti dei sudditi, cui è interdetta la forma suddetta di propaganda politica o tale commercio estero, ma non in confronto di coloro che contrattano liberamente allo scopo di fornire allo Stato i mezzi occorrenti per l'esercizio del suo potere sovrano.«

Ferner weist das Urteil darauf hin, daß die Anerkennung der UdSSR zur Folge habe, daß ihr die capacità di persona giuridica zukomme und daß sie sich an die italienischen Gerichtsbehörden wenden könne. Schließlich erklärt es, daß zu den Rechten der Handelsvertretung auf Grund der russischen Gesetze auch die Befugnis gehöre, in Italien im Namen der russischen Regierung zu klagen (»ritenendosi compresa nei poteri della Rappresentanza commerciale per l'Italia, secondo la sua legge nazionale da applicarsi in dipendenza del trattato, la facoltà di agire in giudizio in Italia in nome e nell' interesse del Governo russo«). Aus der Entscheidung kann der Schluß gezogen werden (wie dies im Leitsatz auch geschieht: »la Rappresentanza commerciale per l'Italia istituita col trattato italo-russo del 7 febbraio 1924 ha personalità giuridica«), daß der Handelsvertretung Rechtspersönlichkeit zukomme. Dasselbe wurde oben S. 40 ff. auch für das deutsche und französische Recht angenommen.

Inhalt.

FSC
www.fsc.org
MIX
Papier | Fördert gute Waldnutzung
FSC® C083411

Kolibri 360 GmbH
Ferdinand-Jühlke-Straße 7
99095 Erfurt, Deutschland
produktsicherheit@kolibri360.de